数字经济与高质量发展丛

北京市属高校分类发展项目
"'两区'建设助力扩大开放，实现首都高质量发展"的资助成果

# 数字经济对农村劳动力非农就业的影响研究

田 鸽◎著

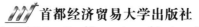

首都经济贸易大学出版社
Capital University of Economics and Business Press
·北 京·

图书在版编目（CIP）数据

数字经济对农村劳动力非农就业的影响研究/田鸽
著．--北京：首都经济贸易大学出版社，2023.12
ISBN 978-7-5638-3584-3

Ⅰ．①数…　Ⅱ．①田…　Ⅲ．①信息经济—影响—农村
劳动力—劳动力转移—研究—中国　Ⅳ．①F323

中国版本图书馆 CIP 数据核字（2023）第 169419 号

数字经济对农村劳动力非农就业的影响研究
田　鸽　著

---

责任编辑　晓　地
封面设计　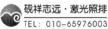 砚祥志远·激光照排　TEL：010-65976003
出版发行　首都经济贸易大学出版社
地　　址　北京市朝阳区红庙（邮编 100026）
电　　话　（010）65976483　65065761　65071505（传真）
网　　址　http：//www.sjmcb.com
E - mail　publish@ cueb.edu.cn
经　　销　全国新华书店
照　　排　北京砚祥志远激光照排技术有限公司
印　　刷　北京九州迅驰传媒文化有限公司
成品尺寸　170 毫米×240 毫米　1/16
字　　数　210 千字
印　　张　13.25
版　　次　2023 年 12 月第 1 版　2023 年 12 月第 1 次印刷
书　　号　ISBN 978-7-5638-3584-3
定　　价　55.00 元

---

# 前　言

　　近年来，以数字化、信息化、网络化、智能化等为特点的数字经济对经济社会发展的影响日益凸显，业已成为推动中国经济进一步发展的新动能。

　　数字经济兴起的时间不长，这方面的研究近些年成为热门话题，但是尚有许多问题需要进一步研究。首先，现有文献致力于探讨数字经济对经济增长或对就业的影响，对数字经济与经济结构转型以及城镇化发展之间关系的研究较少。在这一研究背景下，本书着眼于探究数字经济对非农就业的影响，有助于认识数字经济对经济结构转型以及城镇化发展的影响。其次，在分析数字经济发展对就业的影响时，现有文献主要讨论了与数字经济相关的一些概念对就业的影响，对数字经济内涵的认识有待加强，因而需要通过对数字经济内涵的深入剖析探讨数字经济对就业的影响及作用机制。基于此，本书详细归纳了数字经济的内涵，然后通过理论分析，拓展以弗兰克-拉姆齐模型（Frank-Ramsey，1928）为代表的新古典增长模型与贝克尔和托姆斯（Becker and Tomes，1979）所构建的代际收入流动分析框架，使用双重差分模型进行实证检验，更加细致全面地探讨了数字经济发展对农村劳动力非农就业的影响及作用机制。再次，尚未有文献研究数字经济在推进城镇化发展过程中对非农就业结构（以形成了技能基础上的有效社会分工来代表①）产生的影响及产生这一影响的机制。本书则通过研究数字经济的不同内涵对不同技能类型农村劳动力非农就业的促进作用，发现数字经济在促进非农就业的过程中，使不同技能类型的劳动力得以依据自身技能类型从事适宜性非农工作，实现了有效的社会分工，从而改善了非农就业结构。最后，鲜有文献从政府的制

---

　　①　如无特别交代，本书提到的非农就业结构改善均以形成了技能基础上的有效社会分工代表。

度供给视角,分析有利于保障数字经济促进农村劳动力非农就业量增加,以及促进非农就业结构优化的制度环境,本书的研究丰富了这方面的探讨。

本书的研究发现:

(1)数字经济显著促进了农村劳动力非农就业。

(2)对于数字经济促进农村劳动力非农就业的机制,从社会化再生产过程角度看,首先,数字经济通过促进以数字产业化和产业数字化为代表的产业互联网的形成,促进了非农生产,进而提高了对非农劳动力的需求,即数字经济通过产业互联网产生了就业创造效应;其次,数字经济通过促进消费方式和消费内容的数字化,促进了消费互联网的形成和质量的提高,加速了社会化再生产过程的完成,因而强化了就业创造效应;最后,数字经济通过作用于管理与监督过程,改善了生产关系,进一步促进了社会化再生产过程的顺利实现,保障了就业创造效应。从劳动者自身角度看,数字经济既通过发挥规模经济效应、平台经济效应,从客观上降低了农村劳动力非农就业活动中的交易成本,又通过发挥示范效应,促进了农村劳动力增加对自身素质的投资。这均有助于提高农村劳动力的劳动生产率,进而促进其非农就业。

(3)通过区分数字经济的产业互联网和消费互联网的内涵,并将其与劳动力的技能类型相结合,发现数字经济在促进农村劳动力非农就业的过程中,促进了有效社会分工的形成。相较于直接作用于劳动力本身,对作为劳动力需求端的社会化再生产过程的数字化渗透,是数字经济依据劳动力技能水平实现有效社会分工的主要机制,体现了生产的基础性地位。具体而言,数字经济通过促进产业互联网的发展,促进了农村高技能劳动力向高技能偏向的数字化非农行业流动,通过促进消费互联网的发展,促进了农村低技能劳动力向低技能偏向的数字化非农行业流动,实现了依据劳动力技能类型的有效社会分工,有助于提高劳动力资源的配置效率,促进非农就业的结构优化,改善非农就业质量。与此同时,由于给予了各种类型农村劳动力不同的非农就业机会,因而促进了城镇化过程乃至整体经济发展过程中效率与公平的统一,有助于促进经济的包容性增长。

(4)为了使数字经济更好地服务于经济结构转型以及城镇化发展,本书还分析了保障数字经济持续提高农村劳动力非农就业量,以及优化农村劳动力非农就业结构方面的制度环境。本书认为，一方面，软硬基础设施的建设可以为生产发展提供良好的网络、能源基础以及优质的科技、创新环境，促进数字技术不断进步，进而有利于以数字技术为基础的产业互联网发展，保障对高技能劳动力的稳定需求；另一方面，通过利用再分配工具增加包容性转移支付，加大在就业、社保、教育、医疗、住房等民生领域的财政支持，持续提高户籍人口城镇化率，均可以缓解收入水平较低的低技能劳动力的收入约束，促进其增加对自身人力资本、社会资本的投资，提高劳动生产率，增加其非农就业的可能。政府通过创造这些保障社会化再生产过程持续发展，以及劳动生产率持续提高的制度环境，使不同技能类型的农村劳动力可以在城镇化过程中，更加顺畅地从事适合自身技能水平的非农工作，确保数字经济能够持续促进社会分工，优化农村劳动力非农就业结构。

本书在充分挖掘数字经济丰富内涵的基础上，证实了数字经济在提高农村劳动力非农就业量、推动城镇化发展方面所扮演的重要角色，进一步发现了数字经济对促进城镇化发展过程中的有效社会分工形成、优化农村劳动力非农就业结构的重要作用。本书的研究既是对现有的关于信息化、网络化等经济效应研究的拓展，又为实施相关政策以进一步促进数字经济发展，着力保障数字经济促进不同技能农村劳动力从事不同类型非农工作提供了理论支撑，因而具有重要的学术和政策价值。在未来，笔者还将持续追踪数字经济的发展，在其不断丰富的内涵基础上展开更加丰富的研究。

# 目　录

# 1 导　论

## 1.1　选题背景与意义

### 1.1.1　选题背景

效率与公平是衡量一个国家经济发展实力以及可持续发展能力的重要标准。改革开放使中国经济获得了巨大增长，自 1978 年以来，中国经济年均增速达到了 9.4%。然而，伴随着经济运行效率的快速提高，不公平问题却逐渐凸显：城乡收入差距拉大，代际流动性降低，阶层分化严重等问题，成为造成社会矛盾冲突、阻碍经济社会进一步健康发展的重要因素。根据 2020 年 1 月世界经济论坛（WEF）发布的首份《社会流动性报告》（以下简称《报告》），中国的全球社会流动性指数在被评估的 82 个经济体中排在第 45 位，反映了中国严峻的社会流动现状。尤其在户籍制度造成的城乡二元分割的社会背景下，教育、住房、医疗、社会保障等公共服务在城乡居民间存在巨大差异，严重阻碍了农村户籍的个体向上流动，已经成为抑制社会流动性的排他性制度安排。

对于一个拥有几亿农民的中国，在所有不公平现象中，城乡差距不断扩大问题最为突出，这一问题也引起了国家层面的高度关注。"三农"问题始终是每年政府工作的重点，国家发展和改革委员会（以下简称"国家发改委"）多次下发文件以促进我国城镇化发展。2014 年 12 月，《关于印发国家新型城镇化综合试点方案的通知》由国家发改委等 11 个部委联合下发。文件对我国新型城镇化的试点工作进行了部署安排，新型城镇化建设有序开展。2021 年 4 月，国家发改委下发了《2021 年新型城镇化和城乡融合发展重点任务》（以下简称《任务》),《任务》继续提出要 "……深入实施以人为核心的新型城镇化战略,促进农业转移人口有序有效融入城市……" 这些政策的实施不仅能够增强作为社会弱势群体的农村户籍劳动力的获得感,实现帕累托改进,推进社会公平和共同富裕,还能进一步促进效率的提高。正如《报告》中指出的,在增加社会流动性后可能获益最大的经济体是中国,每年可以额外增加 1 030 亿美元的 GDP。

与此同时,近几年,我国经济领域出现的另一个特征是数字经济的快速发展。尤其是在新冠疫情冲击以及国际局势动荡的背景下,我国数字经济的发展呈现出蓬勃的生命力。根据中国信息通信研究院(以下简称"信通院")发布的《中国数字经济发展白皮书 2021》(以下简称"白皮书 2021")2020 年,在不利的国内外发展环境下,中国数字经济增加值仍然保持了 9.7% 的高速增长,占 GDP 的比重高达 38.6%,成为稳定经济增长的关键动力。数字经济是人类技术进步以及文明发展的产物,是经济社会在经历了农耕文明、工业时代、电气时代之后呈现的新的阶段性特征。

2016 年,G20 杭州峰会对数字经济进行了如下定义:数字经济是指以使用数字化的知识和信息作为关键生产要素,以现代信息网络作为重要载体,以信息通信技术的有效使用作为效率提升和经济结构优化的重要推动力的一系列经济活动。数字经济作为新的经济形态已经引起了党和国家的高度重视。习近平指出,要 "推动数字经济和实体经济融合发展" "推动互联网、大数据、人工智能同产业深度融合,加快培育一批 '专精特新' 企业和制造业单项冠军企业"[1]。2022 年 1 月,国务院发布《 "十四五" 数字经济发展规划》,从优化升级数字基础设施,充分发挥数据要素的作用,大力推进产业数字化转型,加快推动数字产业化,持续提升公共服务数字化水平,健全完善数字经济治理体系等方面,为推动我国数字经济进一步健康发展进行了详细部署与安排。这些政策布局为中国数字经济发展指明了方向。实际上,在这些政策提出之前,中国已注意到数字经济的巨大发展潜能。2013 年 8 月,国务院发布了《 "宽带中国" 战略及实施方案》,对未来 8 年宽带发展的目标、路径

---

① 习近平. 不断做强做优做大我国数字经济 [J]. 求是,2022(2).

等进行了部署，将按照全面提速－推广普及－优化升级的时间安排逐步推进，使得宽带首次成为国家战略性公共基础设施。"宽带中国"政策的不断实施使数字经济的规模不断扩大。

相较于传统经济，数字经济代表了新的技术变革与经济的高质量发展，对于改变生产和消费方式，促进消费结构的优化以及产业结构的升级具有重要作用。根据《白皮书2021》，2020年，我国的农业、工业和服务业中的数字经济增加值占行业增加值的比重分别为8.9%、21.0%、40.7%，意味着数字经济可能具有推动经济结构向非农转型的作用，从而带动农村户籍劳动力从事更多非农工作，加快城镇化进程。而现有研究主要探讨了数字经济对经济增长的影响，对数字经济与经济结构转型和城镇化发展关系的研究比较缺乏，因而需要对此做出更深入的研究，因为经济结构转型是数字经济推动高质量发展的关键，城镇化的发展是数字经济促进社会公平的重要渠道。

对于城镇化发展而言，农村户籍劳动力逐渐向非农行业转移具有先导性意义。因此，研究数字经济的非农就业效应可以反映数字经济对宏观经济结构转型和城镇化发展的影响。从现实背景看，数字经济似乎也的确有助于就业向非农转型。根据人力资源和社会保障部发布的相关数据，2019年和2020年，与数字经济相关的职业占新职业的比重超过了75%，产业数字化贡献的就业数量占全社会就业总量的比重接近1/3，是吸纳就业的主体。并且，根据信通院发布的《中国数字经济就业发展研究报告：新形态、新模式、新趋势（2021年）》，产业数字化创造的就业呈现出三产大于二产大于一产的特征：第三产业数字经济就业岗位占比高达60.2%，远高于第二产业的7.1%和第一产业的0.1%，尤其是借助于互联网技术、即时通信技术，网络主播、在线客服等新的职业以及在线教育、远程医疗、数字金融服务、自媒体等新的就业形式得到了蓬勃发展，意味着数字经济或许能够促进劳动力向非农行业转移，推动城镇化的发展。

随着劳动力逐渐向非农行业转移，非农就业量得到了提高。进一步的，数字经济发展在促进非农就业的过程中，可对不同技能水平的劳动力从事不同类型的非农工作具有异质性影响，因而可促进非农就业结构的优化。一方面，数字经济通过促进数字金融的发展，可以推动消费互联网的形成，进而增加对外卖员和快递员等低技能劳动力的需求，并且，低廉的信息获取成本，海量的在线学习资源等也可以为低技能劳动力赋能，提高其劳动生产率，有利于促进低技能劳动力从事对技能水平要求相对较低的数字经济相关工作；另一方面，数字经济通过促进智能制造的发展，可以推动产业互联网的形成，进而增加对机器人算法工程师和自动化生产线研发工程师等高技能劳动力的需求，并且，平台经济所带来的沟通便利化、信息传递的及时性可以降低工作中的协商与决策成本，均有利于促进高技能劳动力从事对技能水平要求相对较高的数字经济相关工作。无论是促进低技能劳动力从事对技能水平要求相对较低的数字经济相关工作，还是促进高技能劳动力从事对技能水平要求相对较高的数字经济相关工作，都有利于依据劳动力技能类型实现有效的社会分工，改善非农就业结构。不过，以往文献在讨论数字经济与就业的关系时，往往仅关注数字经济某方面内涵的影响，鲜有文献将消费互联网与产业互联网结合起来研究数字经济的就业效应，也鲜有文献从数字经济对劳动生产率的影响角度研究数字经济的就业效应，因而无法深入地理解数字经济在促进非农就业、推动城镇化发展的过程中，对于形成有效社会分工从而优化非农就业结构的作用，需要对此进行深入探讨。

在中国推动城镇化发展、促进共同富裕的政策倾向，以及数字经济快速发展的宏观经济特点构成了本书创作的现实背景；缺乏相关研究详细剖析数字经济的内涵，以及缺乏相关文献在研究数字经济对提高非农就业量影响的基础上，进一步研究数字经济对促成有效社会分工、优化非农就业结构的影响，构成了本书创作的选题背景。

## 1.1.2 选题意义

### 1.1.2.1 对现实发展的意义

数字经济已经渗透到生产生活的各方面，正如习近平指出的，"数字经济具有高创新性、强渗透性、广覆盖性"[①]，可以预见，在今后的很长一段时间，数字经济仍将持续发挥对中国经济的促进作用。对于这一经济领域的典型现

---

① 习近平. 不断做强做优做大我国数字经济 [J]. 求是，2022（2）.

象，从理论和实证角度对其经济效应和事关民生和国家稳定的劳动力就业的作用，做出科学的评价具有重要意义，有助于把握数字经济促进就业的具体作用机制和规律，从而更好地运用规律，改造现实，更加充分地发挥数字经济对就业乃至中国经济整体运行的持续促进作用。特别的，对于以劳动力向非农行业转移以及劳动力配置效率提高为代表的就业质量的提升更有意义，有助于推动城镇化的发展，实现共同富裕。因此，本书重点关注数字经济对非农就业的影响，并且，本书不仅研究数字经济对提高非农就业量的影响，还将研究数字经济对形成有效社会分工从而优化非农就业结构的影响。后者显然更有价值，因为如果数字经济仅是促进了原本就具有更高收入的高技能劳动力从事非农工作，那么就会产生马太效应，拉大收入差距，造成数字鸿沟，将阻碍共同富裕的实现，制约经济的持续健康发展。如果数字经济能够依据劳动力的技能类型实现有效的社会分工，既遵循技能偏向型的技术进步对高技能劳动力的需求规律，促进高技能劳动力就业从而提高经济发展的效率，又能够为低技能劳动力提供与其技能水平相契合的非农就业机会，增进社会公平，那么数字经济的发展能带来帕累托改进，在提高非农就业量从而促进城镇化发展的过程中优化非农就业结构，实现效率与公平的统一，促进经济社会在平衡发展中实现更高水平的效率提升。

#### 1.1.2.2  对学术研究的意义

从现有研究看，目前大多数文献尚未厘清数字经济与信息化、网络化等经济现象的区别，常将这些概念混用，因而无法全面地认识数字经济的就业效应，尤其是无法清晰地认识到数字经济对促进有效社会分工从而优化非农就业结构的作用。本书试图在综述现有研究对数字经济定义的基础上，归纳总结数字经济的内涵，为后文全面系统地研究数字经济对于提高就业量，以及优化就业结构方面的作用奠定基础。这既是对现有的关于信息化、网络化等经济效应研究的拓展，更在数字经济的经济效应研究方面实现了创新。

#### 1.1.2.3  对政策制定的意义

本书尝试从政府治理角度实证检验有助于保障数字经济提高非农就业量，推动城镇化发展，以及促成这一过程中的有效社会分工从而优化非农就业结构的制度环境。例如，通过加强电信基础设施等硬性基础设施建设、增加在科技方面的财政支出等软性基础设施建设，保障社会化再生产过程持续健康发展的制度环境；通过增加政府转移支付等方式以直接缓解收入约束或降低向城市流动的工作、教育、住房、医疗等成本，提高户籍人口城镇化率以间接缓解收入约束，保障劳动生产率持续提高的制度环境。本书通过实证检验的方法说明了这些制度环境对于保障数字经济促进非农就业量提高、就业结构优化，最终推动城镇化健康发展的重要性。

## 1.2 研究思路与分析框架

### 1.2.1 研究思路

#### 1.2.1.1 研究内容

围绕数字经济对非农就业的影响，本书主要从五大方面展开研究。

（1）通过理论分析、构建理论模型及实证检验的方法，研究数字经济对非农就业的整体影响。首先通过理论分析以及拓展以弗兰克-拉姆齐模型为代表的新古典增长模型，建立两期的就业流动模型，分析数字经济对非农就业的影响以及可能的作用机制。研究表明，数字经济有助于非农就业。促进作用一方面源于数据要素对社会化再生产环节中的直接生产以及消费的促进作用；另一方面源于数据要素对劳动生产率提高的作用，促进了非农劳动力的供给质量。同时进一步研究数字经济提高劳动生产率的背后原因，研究发现，以数据要素为基础的数字经济可以提高个体的人力资本和社会资本，因而有助于劳动生产率的提高。基于双重差分模型，利用"宽带中国"政策准自然实验以及 CFPS 等数据，从实证角度详细检验数字经济与非农就业之间的关系。具体而言，实证检验了数字经济对非农就业的影响，尤其是对农村劳动力非农就业的影响，并通过稳健性分析以及包括反向因果分析、遗漏变量分析、平行趋势检验、SUTVA 检验、安慰剂检验、工具变量法等在内的内生性分析方法，加强了数字经济促进农村劳动力非农就业因果效应的可信性。由于相较于城市样本，从农业到非农就业的转换过程主要发生在农村户籍样本，因此，在后文主要利用农村劳动力样本进行讨论。

（2）实证研究数字经济促进非农就业的作用机制。本书基于理论分析以及通过构建理论模型得出的结论，利用 CFPS 数据以及宏观层面的经济数据，分别从社会化再生产过程角度（对非农劳动力的需求角度）以及劳动者自身角度（非农劳动力的供给角度），实证检验了数字经济促进非农就业的作用机制。由于产业互联网和消费互联网促进的数字产业化、产业数字化能够改善生产力，数字化治理能够引领生产关系的变革，并且数字产业化、产业数字化、数字化治理都是当前阶段数字经济在生产端的典型特点，因此当从社会化再生产过程角度分析数字经济促进非农就业的作用机制时，本书主要从产业互联网、消费互联网、数字化治理角度进行详细研究。对于劳动者自身角度，由于数字经济所具有的网络化、信息化、及时性等特点，数字经济可以降低农村劳动力非农就业经济活动中的交易成本，发挥城市劳动力所具有的有助于提高劳动生产率的消费习惯和投资理念对农村劳动力的示范效应，因此当从劳动者自身角度分析数字经济促进非农就业的作用机制时，本书主要从交易成本降低效应和示范效应角度进行详细研究。

（3）通过详细区分农村劳动力的技能类型以及非农工作的具体类型，本书探讨了数字经济在提高非农就业量、推动城镇化发展的过程中，对形成有效社会分工从而优化非农就业结构具有的促进作用：数字经济促进了农村低技能劳动力由农业向非农行业流动，尤其是向低技能偏向的数字化非农行业流动；促进了农村高技能劳动力由传统非农行业或低技能偏向的数字化非农行业，向高技能偏向的数字化非农行业流动。

（4）研究数字经济能够促进有效社会分工形成，从而优化非农就业结构的内在机制。由于形成有效的社会分工是更高质量、更高效率的就业，因此，数字经济促进有效社会分工形成的机制必然与数字经济从整体上提高非农就业量的机制密不可分。基于这一逻辑，本书在研究了数字经济提高非农就业量作用机制的基础上，更加深入地剖析了数字经济促进城镇化过程中的有效社会分工，从而优化非农就业结构的内在机制。

（5）探索保障数字经济提高非农就业量以及优化非农就业结构的制度环境。如前所述，促进作为劳动力需求端的社会化再生产过程的发展，以及作为劳动力供给端劳动者的劳动生产率的提高，是数字经济借以促进非农就业的两大机制。本书在最后继续从两大角度出发，探索保障数字经济持续提高非农就业量以及促成有效社会分工从而优化非农就业结构的制度环境，为数字经济更好地服务于经济结构转型提供稳定的政策支持。对于保障社会化再生产过程持续发展的制度环境，主要包括增强电信基础设施等硬性基础设施建设，增加在科技方面的财政支出等软性基础设施建设。对于保障劳动生产率持续提高的制度环境，主要包括通过增加政府转移支付等方式以直接缓解收入约束，以及通过降低向城市流动的劳动者的工作、教育、住房、医疗等成本，提高户籍人口城镇化率以间接缓解收入约束。

### 1.2.1.2 研究方法

本书在研究中主要采用了归纳演绎的逻辑推理方法、定性与定量相结合法、比较分析法等。

（1）归纳演绎。对于实证检验的结果，本书将结合数字经济所蕴含的经济理论（如技能偏向性技术进步理论、交易成本理论、示范效应理论等），以及劳动力市场相关知识进行归纳演绎。此外，为了更清晰地展示各变量之间的逻辑关系，本书还多次利用图形辅助说明。

（2）理论模型构建与数理推导。为从理论上厘清数字经济对非农就业的影响以及作用机制，本书将数据要素纳入以弗兰克-拉姆齐模型为代表的新古典增长模型，重新构造了增长模型。此外，本书还构建了两期的就业流动模型，将其与改造后的增长模型相结合，经过数理推导，初步提出了有关数字经济促进非农就业以及作用机制的推论。

（3）双重差分模型。为从实证层面验证通过理论模型构建得出的推论，本书将"宽带中国"政策外生冲击作为数字经济发展状况的代理变量，基于CFPS数据、CEIC数据库、《中国城市统计年鉴》等相关数据，利用双重差分模型实证检验了数字经济促进非农就业的因果效应，并利用稳健性检验、反向因果分析、遗漏变量分析、平行趋势检验、SUTVA检验、安慰剂检验，以及工具变量法等丰富的稳健性检验和内生性分析方法加强了基准回归结果的可信性。

（4）比较分析法。为了研究数字经济在促进非农就业的过程中对于不同群体的异质性影响，本书对按照城乡、东中西部、高中低收入水平、高中低技能水平等不同标准划分的劳动力群体进行分样本回归，以更清晰地探究数字经济对不同类型劳动力从事不同类型非农工作的异质性影响，为本书得出数字经济在提高非农就业量的过程中，实现了有效社会分工从而优化了非农就业结构的结论奠定了基础。

### 1.2.2　分析框架

基于以上对本书主要研究内容的阐述，为更加清晰地展示本书的行文逻辑，笔者勾画了图 1-1 所示的技术路线。

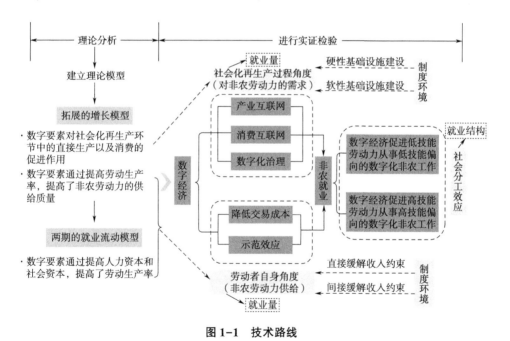

**图 1-1　技术路线**

根据图 1-1 所示的技术路线，对数字经济对非农就业的影响进行理论分析，构建理论模型，为后文实证检验的影响奠定理论基础。

在实证检验部分，首先从社会化再生产过程角度（对非农劳动力的需求）以及劳动者自身角度（非农劳动力供给）研究数字经济对非农就业的影响，以验证理论分析部分以及理论模型构建部分提出的数字经济促进非农就业的机制。其次从社会化再生产过程角度以及劳动者自身角度，研究数字经济在提高农村劳动力非农就业量的同时，对非农就业结构的优化作用以及该优化作用的机制。最后为保障数字经济提高农村劳动力非农就业量，以及优化非农就业结构的作用得到更好的发挥，从保障社会化再生产过程持续发展、保障劳动生产率持续提高的角度提出了政策含义，并进行了相应的实证检验。

## 1.3 本书创新点与进一步研究的问题

### 1.3.1 创新点

本书的贡献或创新体现在三方面。

#### 1.3.1.1 问题视角上的创新

首先，本书以当前中国经济发展的新动能、新业态——"数字经济"为研究对象，研究了数字经济对于提高非农就业量、优化非农就业结构从而对城镇化发展的影响，有助于我们客观评估新发展阶段的社会福利效应，为进一步制定政策保障数字经济加快城镇化进程提供了理论支持。这一研究具有重要的社会价值，尤其是通过研究数字经济提高非农就业量以及优化非农就业结构的机制，能够帮助我们更加深入地理解数字经济增进社会公平、推动经济社会平衡健康发展的具体作用过程。

其次，本书明确界定了数字经济的产业互联网和消费互联网的内涵，缓解了以往文献由于仅从数字经济的某方面内涵出发进行研究而出现的片面化问题。如以往文献并未发现数字经济的消费互联网对于低技能劳动力就业的影响，从而认为数字经济的发展可能更加偏向于促进高技能劳动力就业，阻碍了我们对于数字经济对促进社会分工从而优化就业结构的作用的认识。

再次，在研究数字经济促进非农就业的机制时，本书通过系统的理论分析以及构建数据要素背景下的理论模型，使我们能够将数字经济对社会化再生产过程和对劳动者自身的直接影响结合起来，以更加全面的视角、在更富条理的框架下认识数字经济对非农就业的影响及作用机制，是对以往较为分散的、缺乏体系的机制研究的有益整合与补充。

最后，相较于农业部门的就业，非农就业更具生产力，本书聚焦于数字经济对非农就业的影响，对于认识数字经济在加快城镇化进程、促进高质量发展以及推进共同富裕方面的作用具有重要意义，升华了数字经济就业效应的相关研究。

### 1.3.1.2　研究方法上的创新

在理论模型构建部分，本书通过引入数据要素，拓展了以弗兰克-拉姆齐模型为代表的新古典增长模型，以及贝克尔和托姆斯（Becker and Tomes, 1979）构建的代际收入流动分析框架，初步探讨了数字经济对非农就业的影响及作用机制，实现了拓展的增长模型、就业流动模型与当前数字经济发展特点的有效对接，为后文实证检验数字经济对非农就业的影响及机制奠定了理论基础。

### 1.3.1.3　政策视角上的创新

基于数字经济提高非农就业量并优化非农就业结构的两方面机制——为社会化再生产过程以及为劳动者自身赋能，本书继续从两大角度出发，实证检验了有利于保障数字经济提高非农就业量并优化非农就业结构的两方面制度环境：保障社会化再生产过程持续发展的制度环境，以及保障劳动生产率持续提高的制度环境。不同于以往文献主要通过定性研究提出相关政策，本书通过实证检验的方法研究这些保障政策，使本书的政策分析更具科学性和说服力。

## 1.3.2　进一步研究的问题

本书主要研究数字经济在提高非农就业量并优化非农就业结构方面的作用。鉴于数据的可得性以及中国数字经济的发展现状，本书的研究还存在几方面问题，有待于在今后的研究工作中不断改进与完善。

### 1.3.2.1　对数字经济内涵的不断丰富进行动态化和追踪性研究

中国信通院根据当前中国数字经济的发展状况，已经在原来的"数字产业化、产业数字化、数字化治理"的"三化"框架基础上增加了"数据价值化",提出了数字经济的"四化"框架,但是,由于目前数据价值化的作用尚未得到充分发挥,衡量数据价值化的相关指标和数据也难以获得,因此,本书将持续追踪数字经济的数据价值化内涵以及在未来可能出现的其他内涵,在不断丰富内涵基础上展开更加全面的研究。

### 1.3.2.2　CFPS 数据是本书重点使用的微观调查数据

数据的研究对象主要是常住人口。由于流动人口跨城市从事非农工作也是促进劳动力向非农行业转移的重要因素,且流动人口面临着更加复杂的户籍、子女教育、房价、医疗等问题。那么数字经济能否显著促进流动人口非农就业呢?背后的机制是否存在特殊性呢?并且,对于流动人口的子女,例如,留守儿童、随迁儿童、再迁儿童或回流儿童等,数字经济是否会影响这些儿童的学习成绩、身心健康等状况,对这一系列问题的回答能够更加丰富数字经济的经济效应研究,有待于在今后的研究工作中不断进行探讨。

# 2    文献综述

本书主要探讨数字经济对提高农村劳动力非农就业量以及优化非农就业结构的作用，并分别探讨数字经济提高非农就业量以及优化非农就业结构的机制。据此，与本书相关的研究包括四方面。

## 2.1    数字经济的定义与典型特点

为了更加准确而全面地分析数字经济的作用，首先对相关文献进行综述以归纳总结数字经济的定义，提炼出数字经济的典型特点。

从整体看，数字经济正逐渐由消费互联网向生产互联网过渡（戚聿东等，2020）。数字经济的蓬勃发展要追溯到 20 世纪 90 年代，当时，在线视频、在线游戏、在线音乐、电子商务等主要商业模式日渐成熟，推动了消费互联网的发展，那时的数字经济只是信息经济、互联网经济的另一种说法。随后，在互联网、信息通信、数据挖掘等技术逐渐发展的基础上，数字经济加速对经济生活各方面的渗透。在这一趋势发展的过程中，数字技术的应用正逐步由消费端向生产端渗透，以数字技术为底层技术的智能制造、人工智能等技术开始逐渐改变传统的生产经营方式，万物互联的时代即将到来，生产互联网的格局正在形成。由于不同国家的数字经济发展程度和所处的发展阶段存在较大差异，关于数字经济的具体定义，目前国际上尚未达成共识，本书试图从已有的对数字经济的阐述中概括出数字经济的典型特点。

泰普斯科特（Tapscott，1995）首先将数字经济作为书名的一部分提出，指出数字经济包含了知识驱动、数字化等 12 个典型特征，并强调，借助于网络智能技术，企业生产、政府管理、劳动力素质等发生重大变革，成为促进经济社会发展的重要推动力。1998 年，美国商务部发布了名为《崛起中的数字经济》的研究报告，报告指出，计算机和电信行业的快速发展创造了对程序员、系统分析师、计算机科研人员以及工程师等职业的大量需求。当电子商务开始逐渐替代传统零售和服务业，就业模式将由传统职业向对 IT 技能有更高要求、需要个体具有更高认知推理能力的职业转变。随着就业模式的转变，工资也将上涨。金汎首等（Kim et al.，2002），以及布克特和赫克斯（Bukht and Heeks，2017）从数字化、信息化，以及数字技术对经济的渗透角度认识数字经济。裴长洪等（2018）指出，数字经济是在数字技术的基础上产生的，并具有规模经济、范围经济、交易成本下降、"创造性毁灭"等特点。如前所述，在 2016 年 G20 杭州峰会上，数字经济被定义为：以使用数字化的知识和信息作为关键生产要素，以现代信息网络作为重要载体，以信息通信技术的有效使用作为效率提升和经济结构优化的重要推动力的一系列经济活动。2022 年 1 月，国务院发布《"十四五"数字经济发展规划》，进一步将数字经济阐释为"促进公平与效率更加统一的新经济形态"①，从这个定义可以初步看出数字经济具有促进公平的作用。中国信通院在分析数字经济对劳动生产率、就业、经济增长、人均收入、劳动者报酬等方面影响的基础上，连续 6 年发布了数字经济发展白皮书，也对数字经济做出了类似的定义，并从数字化的产业基础以及其他产业的数字化转型角度阐释数字经济。并且，基于数字经济发展对全要素生产率以及经济增长的促进作用，2017 年，中国信通院从生产力角度提出了数字经济的"两化"框架，即数字产业化和产业数字化。考虑到数字经济不仅能推动经济发展质量变革、效率变革、动力变革，更带来了政府、组织、企业等治理模式的深刻变化，2019 年，"两化"框架被拓展为包括数字化治理在内的"三化"。后来，由于数据化知识和信息对生产方式变革的重大意义，2020 年，"三化"框架又被拓展为包括数据价值化在内的"四化"。不过，数据价值化的作用目前还未得到充分发挥，将是数字经济进一步发展的重要抓手。因此，对于本书研究的样本期间，数字产业化、产业数字化、数字化治理是数字经济作用于这一时期经济社会发展的

---

① 《国务院关于印发"十四五"数字经济发展规划的通知》，2022 年 1 月。

主要机制。其中，数字产业化和产业数字化能够重塑生产力，是数字经济发展的核心；数字化治理能够引领生产关系深刻变革，是数字经济发展的保障。

通过梳理目前有关数字经济定义与特点的文献，可以对数字经济进行如下界定：数字经济是以数据和信息为基本要素，以网络和互联作为实现数字和信息价值的必要条件，以云计算和智能化为生产赋能，以去中介和及时性作为促进数字经济高速运转的必然要求，以数字产业化和产业数字化为具体形态的一种经济发展形式。基于定义所反映的数字经济的特点，不难发现，数字经济将带来整个社会交易成本的下降、信息化和智能化程度的提高，最终提升经济社会运行的整体效率，促进社会公平。

## 2.2　数字经济对经济发展的影响

作为当前一个重要的宏观经济现象，数字经济的发展必然对经济的整体运行产生影响。就业是构成整体经济活动的一个重要组成部分，通过梳理数字经济对宏观经济的影响，有助于理解数字经济影响就业的可能机制。因此，本书首先与数字经济的经济发展效应研究相关。许恒等（2020）通过构建数字经济（企业）与传统经济（企业）非对称竞争的博弈模型，发现数字经济对传统经济有技术溢出和技术冲击两种效应。切尔尼奇等（Czernich et al.，2011）利用 OECD 国家 1996—2007 年的面板数据，基于工具变量法证实了互联网对经济增长的促进作用。郭家堂和骆品亮（2016）发现，我国地区互联网资源水平每提高 1 个百分点，属于技术进步推动型的全要素生产率提高 3.10 个百分点。黄群慧等（2019）借助于理论分析，指出城市互联网发展指数每提高 1%，制造业企业的生产率提高 0.3%。奥利纳等（Oliner et al.，2008）同样认为，信息技术对 1995—2000 年美国的生产效率恢复起到了核心作用。方福前和田鸽（2020）利用中国 1992—2016 年的省级面板数据研究发现，通信基础设施在促进中国经济增长时具有规模效应。

有作者进一步研究了数字经济（互联网、信息化等相关概念）促进经济发展的机制。劳奇（Rauch，1996；1999）、巴科斯（Bakos，1997）、维纳布尔斯（Venables，2001）、安德森和范·温库普（Anderson van Womcoop，2004）、芬克等（Fink et al.，2005）、布鲁姆和古德法布（Blum and Goldfarb，2006）、李坤望等（2015）、施炳展（2016）、李兵和李柔（2017）以及刘航等（2019），证实了互联网或数字经济对国际贸易的正向作用是促进经济增长的重要机制，主要结论是数字经济可以通过降低成本促进国际贸易，提升国际贸易规模，进而推动经济增长。赵涛等（2020）利用中国企业工商注册信息微观数据，发现数字经济可通过促进创业推动高质量发展，并通过选取历史数据作为工具变量以及"宽带中国"试点作为准自然实验，缓解了数字经济发展水平的内生性。

一些研究发现，数字经济或互联网、信息技术等对不同区域的经济发展具有差异性影响。张勋等（2019）基于 CFPS 数据以及数字金融指数，通过分组回归研究发现，数字金融主要提高了中国农村家庭的收入，而对城镇家庭的收入则无显著影响，并且缩小了中国中部和东部之间的收入差，因此促进了包容性增长。辛德曼（Hindman，2000）发现，美国的城市和非城市居民在互联网等信息科技使用方面的差异，显著影响个体的收入等经济特征。刘晓倩和韩青（2018）基于中国农村样本，发现使用互联网为东部地区带来的经济收益大于为西部地区农村居民带来的经济收益，平均处理效应分别为 3 947.16 和 1 996.98，即互联网的使用没有缩小农村居民内部东西部之间的收入差距。

此外，还有作者从更加微观的视角研究了数字经济或互联网、平台经济、信息技术等相关概念的经济影响。哈里斯（Harris，1998）指出，互联网对社会各领域、各个社会层次均产生了广泛影响，可以降低生产、交易等经济成本，促进知识、信息等的产生与传播，改善要素配置效率。荆文君和孙宝文（2019）从规模经济和范围经济角度阐释了网络化和数字化对改善均衡经济水平的作用。李三希等（2021）则研究了数字经济背景下的大数据、个人信息保护和价格歧视问题，借助垂直差异化双寡头模型，证明了一旦引入竞争，消费者总剩余和社会总福利在无个人信息保护和完全一级价格歧视时达到最大，而禁止价格歧视则带来产品的无效分配。李三希等（2021）基于信息经济学视角指出，数字技术可以通过"活动数据化，数据信息化"降低经济活动中的信息摩擦，提高经济活动的效率。

## 2.3 数字经济对就业的影响

大量文献研究了数字经济或互联网、信息技术等对经济发展的整体效应。然而，作为经济发展的另一个重要组成成分，经济结构转型如何受到数字经济发展的影响则鲜有探讨。由于劳动力向非农行业的转移是促进经济结构转型的重要条件，并且作为经济社会发展过程中的微观经济主体，个体的就业状况必然会受到数字经济的影响，因此本书试图从数字经济对劳动力向非农行业转移的影响角度，认识数字经济对经济结构转型的影响，然而目前研究数字经济对劳动力非农就业影响的文献还较为罕见，即便一些文献看似研究的是数字经济对就业的影响，而实质上研究的往往是智能化、自动化（Acemoglu and Autor，2011；张新春和董长瑞，2019），以及信息技术（Bresnahan et al.，2002；宁光杰和林子亮，2014；Gaggl et al.，2017；夏炎等，2018；Forman et al.，2012）与数字经济相关的概念对就业的影响，尚缺乏文献从更为系统的视角全面研究数字经济对就业的影响，尤其是对劳动力向非农行业转移的影响。总体而言，目前与数字经济的就业效应相关的研究主要集中在两方面，一方面是从数字经济（互联网、信息化等相关概念）对生产端（对劳动力的需求方）的影响角度探讨数字经济对就业的影响；另一方面是从数字经济（互联网、信息化等相关概念）对劳动者自身（劳动力供给方）的影响角度，探讨数字经济对就业的影响。

### 2.3.1 数字经济对社会化再生产过程的影响

生产和消费是构成社会化再生产过程的两个重要环节，并且数字经济也正从以消费互联网为主的形态逐渐向产业互联网推进，因此，从数字经济对生产端的影响角度探讨数字经济对就业的影响时，不能离开对消费互联网和产业互联网就业效应的分析。据此，本书从生产端出发研究数字经济对就业的影响，研究分为两类。

第一类研究探讨了消费互联网的发展对就业的影响。多数研究认为，互联网企业的出现，在线产品的丰富，数字消费模式的成熟可以创造大量新的就业机会，因而能够促进就业。刘皓琰和李明（2017）从政治经济学角度对网络生产力下经济模式的劳动关系变化进行了探析，认为数字经济背景下消费的快速发展可以促进企业生产的进一步扩大，增加对劳动力的需求。并且，借助于在线交易，就业形式更加灵活，起到了降低用人门槛的效果。莫怡青和李力行（2022）指出，随着数字技术的发展，线上交易以及共享经济促进了"零工经济"蓬勃发展，创造了大量就业。江小涓（2017）指出，数字经济提供了丰富的"乐"消费资源，给传统服务业带来了新的商业模式，如远程教育、慕课、远程医疗等，促进了网红、网络主播等新的就业形式的出现。邢小强等（2021）采用案例研究的方法发现，数字平台可以借助电商消费的模式，促进贫困地区劳动力就业。也有研究认为，数字经济的发展可能减少对劳动力的需求。詹晓宁和欧阳永福（2018）从全球投资视角出发，认为随着在线市场加速发展，线上销售产品或服务的方式可以帮助数字化跨国公司降低成本，以较低的资产、较少的海外雇佣进入国外市场。

另一类研究探讨了产业互联网的发展对就业的影响。这类研究可以追溯到奥托尔等（Autor et al.，2003）提出的"基于任务"的理论模型，并将《职业名称手册》中有关工作任务要求的代表性数据，与美国人口普查和当前人口调查数据中受雇劳动力的数据相匹配，通过实证研究发现，自动化技术既对劳动力需求具有负向的替代效应，又有正向的生产力效应与就业创造效应。

之后有很多学者从三种效应出发研究自动化技术等对就业的影响。从替代效应的角度，奥托尔等（Autor et al.，2013）同样使用《职业名称手册》中有关工作任务要求的代表性数据与美国人口普查等数据，借助于工具变量法，研究发现，替代效应主要发生在中等技能劳动力群体中。蔡跃洲和陈楠（2019）也发现了自动化推进过程中中间层岗位容易被替代，就业结构两极化的趋势。孙文凯等（2018）根据2014年我国城镇各行业的就业规模，结合弗雷和奥斯本（Frey and Osborne，2017）的行业就业可被电脑化替代的估计，计算了我国所有行业总的平均替代率为 0.45。王永钦和董雯（2020）将制造业上市公司微观数据与国际机器人联盟（International Federation of Robotics，IFR）发布的中国各行业机器人应用数据相结合，通过工具变量法，研究发现，使用机器人对企业劳动力需求产生的替代作用，主要存在于本科和专科学历的员工群体中。

从生产力效应和就业创造效应的角度，阿西莫格鲁和雷斯特雷波（Acemoglu and Restrepo，2018）发现，1980—2010 年美国的就业增长近 50% 归因于自动化技术的就业创造效应。王文（2020）指出，智能化生产是数字经济演进发展到现阶段最具代表性的技术，他利用中国工业机器人数据发现，智能生产有助于就业结构高级化。赫约特和鲍尔森（Hjort and Poulsen，2019）利用双重差分法研究发现，企业高速网络的接入通过促进出口等方式，使得刚果等地区劳动力的就业率和收入分别提高了 2.2~4.6 个百分点以及 2.4~3.3 个百分点。道思等（Dauth et al.，2021）基于德国公开的社会保障记录中雇主和雇员的大量匹配数据，并将数据与作者计算的工业机器人渗透率数据相结合，借助于工具变量法，研究发现，工业机器人的应用促进了德国劳动力技能结构的升级。郑江淮和冉征（2021）通过建立一个包含使用智能技术的制造业与不使用智能技术的服务业的两部门模型，通过理论分析和实证研究发现，工资水平高于智能制造技术使用成本时，智能制造技术水平能够推动产业结构变动，促进经济增长，并指出只有不断提升智能制造技术水平，同时扩大投资规模，才可能带来产业结构服务化所需的劳动力就业水平的提高。

可以看出，基于生产端，以往文献多是研究数字经济的某方面内涵（消费互联网或产业互联网）的就业创造效应，鲜有文献将消费互联网和产业互联网结合起来，全面讨论数字经济与就业的关系。由于消费互联网和产业互联网可以促进数字产业化和产业数字化的发展，因此上述两类研究从数字经济对生产力的影响角度，对数字经济的就业创造效应进行的分析，尚未深入触及数字化治理的就业创造效应，而实际上，由于数字化治理能够引领生产关系深刻变革，是数字经济发展的保障，必然也会对就业产生影响，然而目前有关数字化治理的就业效应的研究还非常缺乏，可供借鉴的是布雷斯纳汉等（Bresnahan et al.，2002）、宁光杰和林子亮（2014）等研究中提到的信息技术的应用可以带来美国和中国企业的组织变革，但并没有从政府层面探讨政府管理的数字化对就业的影响。这不利于全面理解数字经济通过作用于生产端从而对就业产生的影响。本书试图在这方面进行完善，即除了从能提高生产力的消费互联网和产业互联网出发研究数字经济对就业的影响外，还从能改善生产关系的数字化治理角度出发研究这个影响，以丰富基于生产端的对于数字经济的就业效应的研究，这是本书的一大创新。

### 2.3.2　数字经济对劳动者自身的直接影响

从数字经济对劳动者自身的直接影响角度分析数字经济的就业创造效应，史蒂文森（Stevenson，2009）、库恩等（Kuhn et al.，2014）发现，互联网的使用提高了美国女性的在线求职意愿，促进了女性就业。布洛姆等（Bloom et al.，2015）利用2010年一个在中国携程公司的随机实验发现，在家的线上工作使得员工工作绩效提高了13%，其中，9%源于工作时间的增加，4%源于更加安静舒适的工作环境，即互联网能够减少员工工作时间的损耗，使工作和生活之间可以自由切换，因此有利于个体就业。马俊龙和宁光杰（2017）利用 CFPS 数据，采用工具变量法研究发现，互联网有助于中国农村户籍劳动力非农就业，社会资本和家务时间是重要机制。毛宇飞和曾湘泉（2017）基于 CGSS 数据，利用工具变量法缓解了内生性问题后，发现互联网使用对标准就业的影响系数为 0.254，显著为正，其中互联网的信息渠道功能对女性就业具有重要作用。戚聿东和褚席（2021）利用中国综合社会调查（CGSS）数据也发现，数字生活能通过提升和维护社会资本以及人力资本从而增加个人就业概率。布莱克等（Black et al.，2010）利用 1979 年和 1999 年两轮对居住在联邦德国和原联邦德国地区的个体进行的资格和职业调查数据，研究发现，使用个人计算机使得女性从事常规工作的概率下降了 7.08 个百分点，但从事分析类等非常规工作的概率提高了 5.23 个百分点。胡伦和陆迁（2019）通过分析 793 份中国农户调查数据，发现农户使用互联网信息技术能够提升农户人力资本。

这些研究表明，互联网、计算机等的发展可以提高劳动力的就业意愿、人力资本、社会资本或减少工作时间损耗，而这些因素显然能够促进就业（孙文凯等，2011；Burks et al.，2015；Hoffman et al.，2015）。然而，现有文献多是研究与数字经济相关的互联网或计算机等因素对就业的影响，尚缺乏通过深入挖掘数字经济的内涵，以及从更广泛的视角，对数字经济通过直接作用于劳动者自身从而促进非农就业的作用过程的研究。

## 2.4 数字经济与社会分工

社会分工理论是政治经济学中的重要议题。柏拉图在《理想国》中已经初步认识到分工的重要性，指出国家起源于劳动分工，认为只有不同等级的公民各司其职，才能够促进城邦的持续稳定发展（柏拉图，1986）。亚当·斯密在《国富论》中第一次系统阐述了分工理论，指出劳动分工是劳动生产力提高的重要源泉（斯密，1981）。作为马克思经济理论的重要体现，分工理论在《1844年经济学哲学手稿》中第一次被马克思提出并做了详细阐述。马克思在后来的著作中对分工理论进行了更加深入的研究。马克思指出："以较为发达的分工为前提的交换价值，按照交换本身的发展程度，要求不是由一个人（社会）去完成各种不同的劳动，把他的劳动时间花费在各种不同的形式上，而是要求每一个人把他的劳动时间只用在必要的特殊职能上。"（马克思，恩格斯，2003）这表明社会分工意味着参与分工的劳动者能够充分发挥自身比较优势，因而有助于生产效率的提高，促进生产力的发展。在《德意志意识形态》中，马克思和恩格斯对分工的意义进行了阐述，指出，一方面，分工是人类历史发展的必然产物，是生产力发展到一定程度的必然产物；另一方面，分工也可以进一步促进生产力的发展。

从上节的文献归纳中可以看出，尽管消费互联网和产业互联网都由数字经济推动，但它们对就业的促进作用是不同的，特别是存在技能上的异质性：消费互联网的发展似乎主要带动了低技能劳动力就业，例如，改变了传统产业模式的"零工经济"，或新兴职业如网络主播、快递员、外卖员和网约车司机等；相对而言，产业互联网带动的主要是高技能劳动力的就业，如机器人算法工程师和自动化生产线研发工程师等。这就意味着数字经济在促进就业的过程中，可能伴随着对形成有效社会分工的促进作用，即数字经济不仅能够提高就业量，更能改善就业质量，使得人尽其能，在数字经济的作用下，找到更适合自身技能结构的工作，提高劳动力资源的配置效率①。数字经济在促进就业过程中对形成有效社会分工的作用无疑具有更高的社会价值。

然而，由于现有文献多是研究与数字经济相关的互联网或计算机的使用所产生的就业效应，缺乏通过综合梳理数字经济的具体内涵，从更加系统、全面的视角探索数字经济就业效应的研究，导致在分析数字经济的就业效应时，少有研究数字经济对不同技能水平的劳动力产生的异质性影响，从而对形成有效社会分工的促进作用。尽管已有研究发现，产业互联网在促进就业的过程中更加偏向高技能劳动力，但对于消费互联网可能具有的技能偏向性的分析则鲜有，仅有少数研究认为，数字经济提供的"乐"消费资源（江小涓，2017）、"零工经济"就业模式（刘皓琰和李明，2017）可以为低技能劳动力创造就业机会。对于消费互联网可能具有的技能偏向性的研究相对较少，导致我们同样认为作为数字经济的技术基础——数字技术同样也是一种高技能偏向性的技术进步（skill-biased technological change，SBTC）②，因此会带来数字鸿沟以及由数字鸿沟引起的"权力转移"和贫富差距的分化（托夫勒，2018）。这并不利于全面理解数字经济在促进就业方面的角色，如数字经济的社会分工效应带来的技能互补性，以及对不同技能劳动力之间就业机会差距的弥合。本书试图通过探讨数字经济的社会分工效应丰富这方面的研究。

最后，鲜有研究从劳动力向非农行业转移的角度探讨数字经济的就业效

---

① 本书的"有效社会分工"指的是劳动力资源配置效率的提高，具体而言，即各种技能类型的劳动力在参与社会分工时，均能从事与自身技能结构相匹配的工作，实现人尽其能，从而优化就业结构，改善就业质量。

② 克鲁格（Krueger，1993）、奥托尔等（Autor et al.，1998）、阿西莫格鲁（Acemoglu，1998）以及阿西莫格鲁和奥托尔（Acemoglu and Autor，2011）等基于理论推导或实证检验方面的研究认为，如果一种技术进步主要提升了对高技能劳动力的需求，因此带来了高技能劳动力的技能溢价的不断上升，这种技术进步便是一种技能偏向型的技术进步，这一现象被概括为技能偏向型的技术进步理论。

应，而劳动力向非农行业转移对于促进经济结构转型，提高城镇化率，实现共同富裕具有重要意义。

## 2.5　本章小结

围绕数字经济对非农就业影响的主题，本章对相关文献进行了归纳。根据现有文献的研究情况，目前仍存在三方面问题需要进一步研究。一是尚缺乏全面梳理数字经济的内涵，从而更加系统地研究数字经济就业效应的文献。现有文献多是研究与数字经济相关的互联网或计算机的使用对就业的影响，导致无法更全面地审视数字经济的就业创造效应，鲜有探讨数字经济在提高就业量的同时，是否能够促成社会分工、优化就业结构的研究。二是尚缺乏将数字经济对生产端和对劳动者自身的直接影响结合起来分析数字经济对就业影响的文献。对于生产端的分析，也缺乏系统性，例如，缺乏从包括生产力和生产关系在内的角度全面分析数字经济对生产端影响的文献。三是从劳动力向非农行业转移的角度研究数字经济对就业影响的文献还较少，不利于理解数字经济对经济结构转型的作用。

本书认为，首先，数字经济的内涵不仅包括互联网、计算机的使用，其具有的数字化、信息化、智能化、及时性等内涵还需进一步挖掘。其次，目前数字经济的作用已经渗透到生产、生活的各方面，对于生产端而言，数字产业化和产业数字化能够重塑生产力，数字化治理则能够引领生产关系深刻变革。不难想象，作为中国当前数字经济发展的阶段性特征的数字产业化、产业数字化、数字化治理，均可以从宏观上为就业创造良好的生产力和生产关系环境。另外，对于劳动者自身而言，数字经济时代海量的在线学习资源，低廉的通信成本，便捷的通勤、生活、工作方式等也可以从微观角度为劳动者赋能，提高劳动者就业的可能性。因此亟待将数字经济对生产端和对劳动者自身的直接影响结合起来，更加全面地研究数字经济对就业的影响。再次，除了数字经济对非农就业量本身的影响外，通过研究数字经济对不同技能类型的农村劳动力从事不同类型的数字经济相关工作的作用，可以帮助我们更好地理解数字经济对非农就业结构的影响。最后，本书重点关注数字经济对更具生产力的非农就业的影响，对于认识数字经济在促进经济结构转型、高质量发展，以及共同富裕方面的作用具有重要意义。本书将在以上几个方面进行创新性研究。

# 3  数字经济与非农就业

从本章开始，本书将通过理论分析、构建理论模型以及实证检验，详细探讨数字经济对非农就业的影响。

## 3.1  理论分析

一种新的经济形式的出现往往与这一时期典型的技术特点有关，例如，青铜冶炼铸造技术的发展促进了农业、手工业的发展，推动了生产力的巨大变革，促进了青铜时代的到来；蒸汽机的发明和完善促进了交通运输、冶金、机械、化工等工业部门的发展，同样带来了生产力的巨大发展，促进了蒸汽时代的到来；电的发明和广泛应用（电报、电话、电车、电灯等），促进了新通信、新交通、新能源的发展，形成了电气时代。在当今，数字经济的发展同样依赖于这一时期的典型技术——数字技术的开发与应用。因而，当分析数字经济对生产生活的影响时，离不开对数字技术的研究。基于本书的研究主题，首先需要从数字技术的特点出发，从理论层面分析数字经济对非农就业的影响。

数字、信息是构成数字经济的基本要素，网络、互联是促进共享以发挥规模经济效应从而实现数字和信息价值的必要条件，云计算、智能化是数字经济更好地为生产赋能，提高全要素生产率以及产品价值的技术支撑，去中介、及时性是促进数字经济高速、高质量运转的必然要求。这些特点实质上就是数字经济赖以发展的数字技术的特点。那么这些特点是如何促进非农就业的呢？

通过提供丰富的信息，数据要素既可以作为生产要素之一生产出信息化产品，提高产品的知识和信息含量，又可以在云计算、智能化等技术的作用下优化产品生产流程，提高生产的效率。因此，数字经济可以直接促进非农生产发展，进而能够增加对劳动力的需求。除了直接作用于生产端，数字技术通过作用于消费端，也有助于非农生产的扩大，间接促进非农生产发展以及非农就业率的提高。一方面，由于产品的知识和信息含量的增加意味着消费内容的数字化，能够提高产品的附加值，促进消费，进而促进非农生产发展和非农就业；另一方面，通信技术的发展促进了消费过程的数字化，使得社会化再生产过程得以快速完成，因此也有助于非农生产发展和非农就业。无论是对生产端的优化还是对消费端的促进，数字技术显然提高了生产力。此外，在信息爆炸时代，许多行为变得更加透明、可追踪，由此可以有效监督并约束不当行为，促进良好生产关系的产生。与此同时，网络互联、及时通信带来的组织管理扁平化也有助于生产关系的改善。

无论是通过改善生产端和消费端从而提高生产力，还是通过监督并约束不当行为或促进组织管理的扁平化从而改善生产关系，数字技术均能促进社会化再生产过程顺利进行，促进非农生产的发展以及非农就业率的提高。

除了从对劳动力的需求端——社会化再生产过程角度进行分析，还可以从劳动力的供给端——劳动力自身角度，分析数字经济促进非农就业的作用机制。首先，随着数字技术的发展，网络越来越呈现出高速度、广覆盖的特点，对于降低通信成本、信息获取成本、议价成本、协商交流成本等交易成本大有裨益。一系列成本的降低有助于个体增加对自身人力资本、社会资本等方面的投资，提高自身劳动生产率，增强在求职方面的议价能力。当然，海量的数据和知识供给也为提高人力资本和社会资本，进而提高劳动生产率提供了重要的物质基础。其次，在网络互联时代，各种理念、文化等因素可以快速传播，容易在群体间形成示范效应，促进不同群体的行为方式和生活习惯逐渐趋同。尤其对于农村劳动力而言，城市居民的理念、文化、行为方式和生活习惯得以快速传递至农村劳动力。这些无形因素的影响可以潜移默化地提高农村劳动力的人力资本和社会资本，进而提高劳动生产率，促进非农就业。

通过以上分析，可以发现，数字经济通过同时改善对劳动力的需求端以及劳动力的供给本身，有助于促进非农就业。下面通过构建理论模型和实证检验，进一步验证数字经济对非农就业的影响及作用机制，以更加清晰地看出数字经济对劳动力向非农行业转移、新型城镇化发展的重要影响。

## 3.2　理论模型构建

在对数字经济对非农就业的作用进行理论分析的基础上，本节基于以弗兰克-拉姆齐模型为代表的新古典增长模型，以及贝克尔和托姆斯（Becker and Tomes，1979）构建的代际收入流动分析框架，通过建立数理模型进一步探讨数字经济促进非农就业的机制。

### 3.2.1　数据要素背景下家庭和厂商经济行为

以弗兰克-拉姆齐模型为代表的新古典增长模型主要刻画了工业革命后的世界经济增长状况。与机器大工业的时代背景相一致，模型中主要考虑了资本和劳动力两个重要的生产要素。随着数字经济时代的到来，数字也逐渐成为一种要素参与生产。例如，相较于传统经济，数字经济时代出现了很多数字化产品，如数字技术与金融、交通、教育等相结合产生的数字金融（以支付宝为代表）、数字交通（以滴滴出行为代表）、数字教育（以猿辅导为代表）等。表明在构建数字经济背景下的增长模型时，需要同时考虑数据要素的作用，才能更加全面、准确地刻画数字经济背景下的经济社会运行状况。

基于此，借鉴弗兰克-拉姆齐模型，考虑数据要素背景下的家庭消费和储蓄行为。在数字经济时代，由于数字化产品的强复制性，边际成本极低，因而这些数字化产品相较于非数字化产品的价格较低，并且借助于互联网，数字化产品的消费速度也加快了，更加有利于促进产品消费，加快产品的价值实现，进而带动非农生产，促进非农就业。通过对数据要素加速发展背景下的家庭消费行为建模验证这一猜想。

定义代表性家庭的效用 $u$ 是家庭人均消费 $c$ 的函数：$u\ (c) = \dfrac{c^{1-\theta}}{1-\theta}$，$\theta > 0$，

该函数满足边际效用为正且递减的规律。假设家庭分别消费数字化产品 $c_d$ 以及非数字化产品 $c_o$，两种产品的价格分别是 $p_d$ 以及 $p_o$，记 $\frac{p_o}{p_d} = p_r$，家庭人均收入为 $I$。在 $p_d c_d + p_o c_o = I$ 的预算约束下，通过拉格朗日求极值法构造式（3.1）和式（3.2）所示的效用最大化问题：

$$\text{Max } u(c) = \frac{c^{1-\theta}}{1-\theta} \tag{3.1}$$

$$\text{s.t. } p_d c_d + p_o c_o = I \tag{3.2}$$

解得：$\dfrac{c_o}{c_d} = \left(\dfrac{p_o}{p_d}\right)^{-\frac{1}{\theta}} = pr^{-\frac{1}{\theta}}$，进一步的，家庭人均消费 $c$ 可以表示为：

$$c = c_d + c_o = c_d\left(1 + pr^{-\frac{1}{\theta}}\right) \tag{3.3}$$

人均储蓄率 $s$ 可以表示为：

$$s = \frac{y - c}{y} \tag{3.4}$$

其中，$y$ 为人均产出[①]。将式（3.4）等号两边取对数并对时间求导，得：

$$\frac{\dot{s}}{s} = \frac{\dot{y}}{y-c} - \frac{\dot{c}}{y-c} - \frac{\dot{y}}{y} \tag{3.5}$$

接着，考虑数据要素背景下的资本运动方程。对于厂商而言，在新古典增长模型的基础上，将数据要素 $D$ 引入，建立了一个新的增长模型。假设生产函数 $Y = F(K, D, L)$ 对于物质资本 $K$、数据要素 $D$ 以及劳动力 $L$ 规模报酬不变，$K$ 的运动方程可以表示为式（3.6），$s$ 为储蓄率，$\delta$ 为折旧率（一定时期内保持不变）。

$$\dot{K} = sF(K, D, L) - [\delta + g(D)]K \tag{3.6}$$

与新古典增长模型相比，基于现阶段数据要素这一无形资本对生产起着越来越重要作用的背景，考虑数据要素的快速增加可能给传统的物质资本造成的影响，如需要更多物质资本以与数据要素相配合，共同促进经济增长，并且数据要素也可以部分替代物质资本，因此，式（3.6）等号右侧表示资

---

① 由于数字经济对非农行业的渗透性更强，为简化表述，在构建理论模型时，本书直接将 $Y$ 视作非农总产出，$y$ 为非农人均产出。

本广化项中的 $g(D)$，$K$ 表示数据要素的增长速度 $g(D)$ 引致的资本广化需求。

进一步的，将式（3.6）等号两侧分别除以劳动力 $L$，以得到人均资本的运动方程，整理后为：

$$\dot{k} = sy - [\delta + g(D) + n]k \qquad (3.7)$$

其中，$y = f(k, d)$，$k$、$d$ 分别表示人均物质资本存量以及人均数据要素存量，$n$ 表示人口增长速度。由于一定时期内人口增速缓慢，且为了简化模型，取 $n = 0$。

经济达到稳态时，$\dot{k} = 0$，$\dot{d} = 0$，此时：

$$sy = [\delta + g(D)]k \qquad (3.8)$$

将式（3.8）等号两边取对数并对时间求导，经过整理后可以得到：

$$\frac{\dot{y}}{y} = \frac{g(\dot{D})}{\delta + g(D)} - \frac{\dot{s}}{s} \qquad (3.9)$$

将式（3.5）和式（3.9）联立可得：

$$\frac{\dot{y}}{y} = \frac{sg(\dot{D})}{\delta + g(D)} + \frac{\dot{c}_d(1 + pr^{-\frac{1}{\theta}})}{y} \qquad (3.10)$$

考虑厂商的利润最大化问题。如果将产品的价格标准化为 1，劳动力工资记为 $w$，物质资本的利率记为 $r_K$，数据要素的回报率记为 $r_D$，那么代表性厂商的利润为：

$$\pi = F(K, D, L) - (wL + r_K K + r_D D) = L(y - w - kr_K - dr_D) \qquad (3.11)$$

根据利润最大化时的一阶条件可得劳动生产率：

$$F'_L = w = y - kr_K - dr_D \qquad (3.12)$$

显然，$\dot{F}'_L = \dot{y}$。根据式（3.10），则：

$$\dot{F}'_L = \dot{y} = \frac{(y - c)g(\dot{D})}{\delta + g(D)} + \dot{c}_d(1 + pr^{-\frac{1}{\theta}}) \qquad (3.13)$$

从式（3.10）可以看出，一方面，非农人均产出的增长率与数据要素的增速提高成正比。背后的原因可能是数据要素增加得越快，越能替代更多的物质资本。作为无形资本的一种，数据要素的正外部性以及规模经济效应能显著提高经济效率，促进非农产出增加。另一方面，式（3.10）还表明，人均产出的增长率与数字化产品的消费增长成正比。如前所述，背后的原因是由于数字化产品的价格相对较低，弱化了消费者的收入约束，并且数字化产品的消费速度相较于传统消费更快了，因而促进了消费，加速了产品的价值实现，从而促进了社会化再生产过程的持续稳定进行。

这部分借助于以弗兰克-拉姆齐模型为代表的新古典增长模型，通过分析数据要素背景下家庭和厂商的经济行为，发现了数字经济促进非农就业的第一个机制：数字经济通过促进社会化再生产环节中的直接生产过程以及消费环节的顺畅运行，促进了社会化再生产过程的持续稳定运行，显然有助于非农生产以及非农就业。

式（3.13）进一步表明数据要素也有助于劳动生产率的提高，劳动生产率的提高显然有助于非农就业。值得注意的是，这里仅从代数关系的角度发现了数据要素对提高劳动生产率的促进作用，至于数据要素为什么可以提高劳动生产率，还需进一步从劳动力自身角度进行更加深入的探讨，即通过研究促进劳动生产率提升的机制，将其与数据要素的特点相结合，理解数据要素促进劳动生产率提高的作用过程。为此，借鉴贝克尔和托姆斯（Becker and Tomes，1979）构建的代际收入流动分析框架，本书聚焦于个体在两期内在不同类型的就业部门间的流动性，通过构建一个两期的就业流动模型研究这一问题。

### 3.2.2　两期的就业流动模型

贝克尔等构建的代际收入流动模型，考虑了子代的未来收入对于父代自身消费以及效用最大化的影响，影响了父代对子代的人力资本投资倾向等经济行为。受这一理论模型的启发，假设个体也可以预测到下一期自身的收入状况，因此，个体在当期做出消费决策时将考虑到下一期自身的收入状况，从而做出使自己能在当期获得最大效用的消费决策，既不会由于当期收入少而减少当期消费，也不会由于当期收入多而在当期肆意消费，这一假设对于做决策时会考虑到未来收入状况的具有理性预期的劳动者而言是合理的。因此，假设个体在当期的效用是当期的消费 $c_t$ 以及下一期的收入 $w_{t+1}$ 的函数，其中，$w_{t+1}$ 是个体所属的部门类型 $dep_{t+1}$ 的函数。此时当期的效用函数可写作：

$$U_t = U_t[c_t, w_{t+1}(dep_{t+1})] \tag{3.14}$$

效用函数受到当期总收入的约束。假设当期总收入 $w_t$ 主要用于两方面支出，一部分用于满足当期生存需要的消费（主要指衣食住行等物质层面的消费，以下简称"当期消费"），即 $z_t$；一部分用于能提高下一期人力资本的投资，即 $hu_t$。$p_{ht}$ 表示一单位用于提高下一期人力资本的投资相对于当期消费的价值，即表示个体放弃一单位本该用于当期消费的收入，将其用于提高下一期人力资本投资的机会成本，因此个体的当期收入 $w_t$ 可表示为式（3.15）：

$$w_t = z_t + p_{ht}hu_t \tag{3.15}$$

假设用于提高下一期人力资本的投资 $hu_t$ 对于个体的单位价值为 $v_{t+1}$，每一期的投资回报率为 $r_t$，因此可以得到等式（3.16），该式将个体用于对下一期人力资本的投资 $hu_t$ 对于当期的总价值与该投资对于下一期的总价值联系起来：

$$p_{ht}hu_t = \frac{v_{t+1}hu_t}{1+r_t} \tag{3.16}$$

考虑个体下一期的收入组成。假设下一期的收入由在上一期时用于提高下一期人力资本投资的 $hu_t$、下一期的社会资本 $so_{t+1}$ 两部分组成。其中，$v_{t+1}hu_t$，$v_{t+1} \cdot so_{t+1}$ 分别表示两部分给下一期带来的收入，则下一期的收入可以表示为：

$$w_{t+1} = v_{t+1}hu_t + v_{t+1}so_{t+1} \tag{3.17}$$

联立式（3.15）、式（3.16）和式（3.17）可得：

$$z_t + \frac{w_{t+1}}{1+r_t} = w_t + \frac{v_{t+1}so_{t+1}}{1+r_t} = q_t \tag{3.18}$$

式（3.18）表示总收入 $q_t$ 等于用于当期消费的部分 $z_t$ 与下一期收入 $w_{t+1}$ 的折现值之和。假设下一期收入 $w_{t+1}$ 的折现值占总收入的比例为 $\alpha$，则：

$$z_t = (1-\alpha)q_t \tag{3.19}$$

联立式（3.18）和式（3.19），可得：

$$w_{t+1} = \alpha(1+r_t)w_t + \alpha v_{t+1}so_{t+1} \tag{3.20}$$

假设 $\beta_t = \alpha(1+r_t)$，则（3.20）式可以写作：

$$w_{t+1} = \beta_t w_t + \alpha v_{t+1} so_{t+1} \qquad (3.21)$$

$\beta_t$ 可视作将当期收入的一部分用于可以提高下一期人力资本投资的倾向（以下简称"投资倾向"）。如前所述，假设 $w_{t+1}$ 是个体工作所属的部门类型 $dep_{t+1}$ 的函数，并且假设部门类型可以按照部门平均收入从低到高划分为不同等级，因此可以用不同的等级衡量个体所属的就业部门，仍用 $dep$ 表示，$dep$ 越大表示个体所属的就业部门的等级越高。假设每一级部门类型的平均收入为 $m$，则级别为 $dep$ 的部门平均收入为 $mdep$，此时式（3.21）可写作：

$$m_{t+1} dep_{t+1} = \beta_t m_t dep_t + \alpha v_{t+1} so_{t+1} \qquad (3.22)$$

将式（3.22）进行变换，可以得到下一期所在的部门类型的表达式为：

$$dep_{t+1} = \beta_t \frac{m_t}{m_{t+1}} dep_t + \frac{\alpha v_{t+1} so_{t+1}}{m_{t+1}} \qquad (3.23)$$

假设下一期的社会资本 $so_{t+1}$ 可由式（3.24）所示的三部分组成：$hso_t$ 表示下一期从当期社会资本 $so_t$ 中继承的部分，其中，$h$ 表示继承程度；$g$ 表示上一期的平均社会资本 $\overline{so_t}$ 的增长率；$\sigma_{t+1}$ 表示下一期实际社会资本与期望社会资本之差。

$$so_{t+1} = hso_t + (1 - h + g)\overline{so_t} + \sigma_{t+1} \qquad (3.24)$$

将式（3.24）带入式（3.23）可得：

$$dep_{t+1} = \beta_t \frac{m_t}{m_{t+1}} dep_t + \frac{\alpha v_{t+1}[hso_t + (1 - h + g)\overline{so_t} + \sigma_{t+1}]}{m_{t+1}} \qquad (3.25)$$

根据前述假设，$\alpha q_t = \dfrac{w_{t+1}}{1 + r_t}$，则：$\alpha = \dfrac{w_{t+1}}{(1 + r_t) q_t} = \dfrac{m_{t+1} dep_{t+1}}{(1 + r_t) q_t}$，因此：

$$\frac{\alpha}{m_{t+1}} = \frac{dep_{t+1}}{(1 + r_t) q_t} \qquad (3.26)$$

将式（3.26）带入式（3.25），得：

$$dep_{t+1} = \beta_t \frac{m_t}{m_{t+1}} dep_t + \frac{dep_{t+1} v_{t+1}[hso_t + (1 - h + g)\overline{so_t} + \sigma_{t+1}]}{(1 + r_t) q_t} \qquad (3.27)$$

均衡条件下，假如平均社会资本的增长率 $g = 0$，$v_{t+1} = 1$，$\overline{r_t} = \overline{r}$，$\overline{so_t} = \overline{so}$，$\sigma_{t+1} = 0$，$\dfrac{m_t}{m_{t+1}} = 1$，则式（3.27）可写作：

$$dep_{t+1} = \beta_t dep_t + \frac{dep_{t+1} \left[ h(so_t - \overline{so}) + \overline{so} \right]}{(1 + \overline{r}) q_t} \quad (3.28)$$

用 $l_{t+1} = \dfrac{dep_{t+1}}{dep_t}$ 表示两期间就业部门的向上流动性，$l_{t+1}$ 越大，表示下一期所属的就业部门相对于当期所属的就业部门等级越高，由式（3.28）可得：

$$l_{t+1} = \frac{dep_{t+1}}{dep_t} = \frac{\beta_t}{1 - \dfrac{h(so_t - \overline{so}) + \overline{so}}{(1 + \overline{r}) q_t}} \quad (3.29)$$

由于劳动生产率越高，越有利于劳动力实现跨部门的向上流动，即劳动生产率与向上流动性 $l_{t+1}$ 具有正相关关系，因此向上流动性 $l_{t+1}$ 与劳动生产率 $F'_{Lt}$ 的关系可以表示为 $l_{t+1} = \tau F'_{Lt} (\tau > 0)$，由此可以得到劳动生产率 $F'_{Lt}$ 的表达式：

$$F'_{Lt} = \frac{dep_{t+1}}{\tau dep_t} = \frac{\beta_t}{\tau \left[ 1 - \dfrac{h(so_t - \overline{so}) + \overline{so}}{(1 + \overline{r}) q_t} \right]} \quad (3.30)$$

从式（3.30）可以看出，投资倾向 $\beta_t$、下一期对当期社会资本的继承程度 $h$ 是影响劳动生产率的重要内生变量，进一步的，由式（3.30）和式（3.12）可以得到：

$$\beta_t = \tau \left[ 1 - \frac{h(so_t - \overline{so}) + \overline{so}}{(1 + \overline{r}) q_t} \right] (y - \mathrm{k} r_K - \mathrm{d} r_D) \quad (3.31)$$

$$h = \frac{\left( 1 - \dfrac{\beta_t}{\tau (y - \mathrm{k} r_K - \mathrm{d} r_D)} \right) (1 + \overline{r}) q_t - \overline{so}}{so_t - \overline{so}} \quad (3.32)$$

分别将 $\beta_t$，$h$ 对数据要素 $D_t$ 求导，以判断数据要素对于影响劳动生产率的投资倾向 $\beta_t$，下一期对当期社会资本的继承程度 $h$ 的作用。

$$\frac{\partial \beta_t}{\partial D_t} = \tau \left[ 1 - \frac{h(so_t - \overline{so}) + \overline{so}}{(1 + \overline{r}) q_t} \right] F'_{Dt} \quad (3.33)$$

$$\frac{\partial h}{\partial D_t} = \frac{(1 + \overline{r}) q_t \beta_t F'_{Dt}}{(so_t - \overline{so}) \tau (\mathrm{k} r_K - \mathrm{d} r_D)^2} \quad (3.34)$$

根据式（3.29）可知 $l_{t+1} > 0$，则 $1 - \dfrac{h(so_t - \overline{so}) + \overline{so}}{(1 + \overline{r}) q_t} > 0$，又由于 $\tau > 0$，$F'_{Dt} >$

0，因此，式（3.33）$\dfrac{\partial \beta_t}{\partial D_t} > 0$，即数据要素有助于提高对个体的人力资本投资

倾向，由于对个体的人力资本投资倾向越高意味着个体的人力资本更有可能得到提高，结合式（3.30），$\beta_t$ 的提高有助于提高劳动生产率 $F'_{L_t}$，由此可以得到数据要素提高劳动生产率的第一个深层次原因：数据要素可以提高个体的人力资本，从而促进劳动生产率的提高。

根据式（3.34），$\frac{\partial h}{\partial D_t}$ 的大小取决于当期社会资本 $so_t$ 与平均社会资本 $\overline{so}$ 的相对大小。当 $so_t - \overline{so} < 0$ 时，例如，对于从事农业劳动的劳动力而言，一般而言，他们的社会资本低于平均社会资本，数据要素基础上所形成的通信技术可以增加这部分劳动力与其他高社会资本的劳动力沟通交流的机会，降低这部分劳动力对低水平社会资本的继承程度，因此，当 $so_t - \overline{so} < 0$ 时，$\frac{\partial h}{\partial D_t} < 0$，符合直觉。与此同时，结合式（3.30），当 $so_t - \overline{so} < 0$ 时，$h$ 越小，越有利于劳动生产率的提高，因此，当个体的社会资本低于平均社会资本时，数据要素有助于提高社会资本，从而提高其劳动生产率。当 $so_t - \overline{so} > 0$ 时，例如，对于从事非农劳动的劳动力而言，他们的社会资本高于平均社会资本，数据要素基础上所形成的通信技术，可以进一步增进这部分劳动力继续与高社会资本的劳动力沟通交流的机会，即提高了对高水平社会资本的继承程度，因此，当 $so_t - \overline{so} > 0$ 时，$\frac{\partial h}{\partial D_t} > 0$，符合直觉。与此同时，结合式（3.30），当 $so_t - \overline{so} > 0$ 时，$h$ 越大，越有利于劳动生产率的提高，因此，当个体的社会资本高于平均社会资本时，数据要素同样有助于提高社会资本，从而提高其劳动生产率。总而言之，无论是在劳动力的社会资本低于平均社会资本时，数据要素可以防止社会资本的进一步下滑；还是在劳动力的社会资本高于平均社会资本时，数据要素可以进一步增加社会资本，数据要素均有助于提高劳动力的社会资本，进而提高劳动生产率，由此可以得到数据要素提高劳动生产率的第二个深层次原因：数据要素可以通过提高个体的社会资本，从而促进劳动生产率的提高。

这部分通过构建一个两期的就业流动模型，发现了数字经济可以通过促进人力资本和社会资本的提高从而提高劳动生产率，改善非农劳动力的供给质量，使劳动力更加符合非农工作的要求，进一步促进非农就业。

至此，通过拓展以弗兰克-拉姆齐模型为代表的新古典增长模型，以及加里·贝克尔等构建的代际收入流动分析框架，可以得出如下推论：①数字经济有助于促进非农就业。②对于具体的作用机制，本书发现，数字经济既能通过充分发挥数据要素的无形资本作用直接参与生产，改善社会化再生产过程，促进非农生产，又能通过充分发挥数字化消费对社会化再生产过程的加速作用，进一步促进非农生产，即数字经济对非农就业的促进作用首先源于数据要素对社会化再生产环节中的直接生产以及消费的促进作用，因而有利于非农就业。此外，本书还发现数据要素可以提高劳动生产率，改善非农劳动力的供给质量，因此也有助于非农就业。至于数字经济促进劳动生产率提高的背后原因，本书发现，以数据要素为基础的数字经济可以提高个体的人力资本和社会资本，因而有助于劳动生产率的提高。这些发现为下面利用实证数据检验数字经济对非农就业的影响及作用机制提供了理论支撑，有助于实现拓展的增长模型、就业流动模型与当前数字经济发展特点的有效对接，提高了本书的理论深度。

## 3.3　"宽带中国"与数字经济发展

本节开始从实证角度检验数字经济对非农就业的促进作用以及相应的作用机制。为尽可能减少数字经济的核心解释变量的内生性，本节使用"宽带中国"政策的外生冲击作为数字经济的代理变量。2013 年 8 月，国务院印发了《关于印发"宽带中国"战略及实施方案的通知》（以下简称《通知》），对中国分批推进宽带等网络基础设施建设进行了部署安排。截至目前，共有三批城市分别于 2014 年、2015 年和 2016 年成为试点城市，主要技术路线是统筹接入网、城域网和骨干网建设，结合基于互联网协议第 6 版的下一代互联网规模商用部署要求推进宽带网络发展。自此之后，中国的宽带网络和移动网络速度显著提升。

实际上，在"宽带中国"政策提出之前，我国已经实施了有关信息化建设的相关政策。例如，1999 年，信息产业部、国家计委发布的《关于加快移动通信产业发展若干意见》，为促进我国移动通信产业协调发展，加快移动通信产品制造业发展提出了若干意见；2002 年，在国务院信息化工作办公室会同有关部门制定的《振兴软件产业行动纲要（2002 年至 2005 年）》中，为尽快提高我国软件产业的总体水平和国际竞争力进行了一系列部署安排，提高企业技术创新能力，优先采用国产软件产品和服务，加大对软件出口的扶持力度等；2005 年，《国务院办公厅关于加快电子商务发展的若干意见》发布，分别从充分认识电子商务对国民经济和社会发展的重要作用，加快电子商务发展的指导思想和基本原则，完善政策法规环境，规范电子商务发展等方面为加快发展电子商务提出了要求。

这些政策强调促进移动通信、软件产业，以及电子商务等有助于数字经济形成的具体领域的发展，而数字经济不仅包括宽带的建设，其内涵更加丰富，例如，在技术层面，数字经济包括大数据、云计算、物联网、区块链、人工智能、5G 通信等新兴技术；在应用层面，又包括了以支付宝为代表的移动支付、以网络直播带货为代表的"新零售"等业务；在产业层面，包括了软件产业等数字产业化的发展，也包括了传统产业数字化的发展。因此，倘若用这些政策代理数字经济的发展，则会产生代表性不足的问题。那么"宽带中国"政策能否有效代表数字经济的发展呢？下面详细比较数字经济的核心内涵与"宽带中国"的政策内容，以及比较数字经济的发展现状与"宽带中国"的政策效果以考察"宽带中国"政策代理数字经济发展状况的合理性[①]。

### 3.3.1 "宽带中国"的政策内容与数字经济的内涵相一致

如前所述，本书从数字经济的相关研究中概括了数字经济所具有的典型特点：数字、信息是构成数字经济的基本要素，网络、互联是促进共享以发挥规模经济效应，从而实现数字和信息价值的必要条件，云计算、智能化是

---

① 尽管在"宽带中国"政策之后，我国还实施了诸如《国务院关于积极推进"互联网+"行动的指导意见》《促进大数据发展行动纲领》《关于推动工业互联网加快发展的通知》《"十四五"数字经济发展规划》等政策，但这些主要是在"宽带中国"政策的基础上进行的完善以及在具体领域的强化，因而使用"宽带中国"政策作为数字经济发展状况的代理变量，有助于更加全面、动态地研究数字经济的发展过程。

数字经济更好地为生产赋能，提高全要素生产率以及产品价值的技术支撑，去中介、及时性是促进数字经济高速、高质量运转的必然要求，数字产业化、产业数字化是数字经济的主要表现形态。根据数字经济在基础层、技术层、应用层的表现，还可以将以上特点归纳出三方面内涵：①数字化和网络化是数字经济在要素和载体基础层面的特点；②云计算、智能化、信息通信等技术是数字经济在技术层面的特点；③效率的提升和经济结构的优化是数字经济在具体的经济形态和经济效果上的表现，是数字经济在应用层面的特点。

那么"宽带中国"政策是否具有这三方面内涵呢？2013年8月，国务院印发的《通知》指出，2014年、2015年和2016年分三批实施"宽带中国"战略。《通知》明确提出在推广普及阶段（2014—2015年）要在继续推进宽带网络提速的同时，加快扩大宽带网络覆盖范围和规模，深化应用普及，加强云计算等重点领域新技术研发。在优化升级阶段（2016—2020年），要使宽带应用水平和宽带产业支撑能力达到世界先进水平、宽带应用服务水平和应用能力大幅提升。具体而言，《通知》中提出了"宽带中国"建设的重点任务：推进区域宽带网络协调发展，加快宽带网络优化升级，提高宽带网络应用水平，促进宽带网络产业链不断完善，增强宽带网络安全保障能力。下面结合重点任务，分析"宽带中国"政策对数字经济的代表性。

"推进区域宽带网络协调发展，加快宽带网络优化升级，增强宽带网络安全保障能力"与数字经济的内涵①"数字化和网络化是数字经济在要素和载体层面的特点"一致。例如，其中的"提升网络流量疏通能力""以多种方式推进光纤向用户端延伸""加大无线宽带网络建设力度""统筹互联网数据中心建设"等政策，均有利于强化数字和网络基础，促进数字网络对居民生活的渗透，促进消费互联网的发展。

"促进宽带网络产业链不断完善"与数字经济的内涵②"云计算、智能化、信息通信技术是数字经济在技术层面的特点"一致。例如，"在光通信、新一代移动通信……等重点领域，加大对关键设备核心芯片……等高端产品研发及产业化的支持力度""鼓励组建重点领域技术产业联盟""智能终端研制"等政策均有利于云计算、信息通信等的发展，进而推动产业互联网发展。

"提高宽带网络应用水平"与数字经济的内涵③"效率的提升和经济结构

的优化是数字经济在具体的经济形态和经济效果上的表现，是数字经济在应用层面的特点"一致。例如，"不断拓展和深化宽带在生产经营中的应用，加快企业宽带联网和基于网络的流程再造与业务创新，利用信息技术改造提升传统产业，实现网络化、智能化、集约化、绿色化发展，促进产业优化升级"，实质上就是促进产业数字化发展的相关政策，而"不断创新宽带应用模式，培育新市场新业态，壮大云计算、物联网、移动互联网、智能终端等新一代信息技术产业"，实质上是充分利用新的技术以促进数字产业化发展的相关政策，即数字经济有助于促进产业互联网发展，促进效率提升和经济结构优化。

以上分析表明，从"宽带中国"的政策内容与数字经济的内涵角度分析，二者在本质上具有一致性①。

### 3.3.2 "宽带中国"的政策效果与数字经济的发展密切相关

信通院在发布的《中国宽带发展白皮书（2020年）》中评估了"宽带中国"的政策效果，可以看出"宽带中国"政策取得了重大成效。从网络覆盖率看，在本书所研究的期末年份（2015年），固定宽带家庭普及率比战略实施的期初（2013年）高出了16个百分点，作为移动互联网代表的3G/LTE的用户普及率更是高出了32.4个百分点。从网络速率看，2015年固定宽带网络平均下载速率比2013年提高了136.3%，作为移动互联网代表的4G网络在2020年第一季度的平均下载速率比开始监测时（2016年第三季度）提高了143.3%。从网络使用时长看，工业和信息化部相关数据显示，仅在"宽带中国"政策实施的第一年（2013年），中国网民的平均每周上网时长比上一年增加了4.5小时。从宽带网络应用看，《通知》对宽带信息的应用水平做出了明确规定，到2015年，互联网数据量（网页总字节）需由2013年的7 800太字节扩大至15 000太字节，电子商务交易额需由10万亿元扩大至18万亿元。具体从"宽带中国"政策的示范城市看，2015年被确定为第二批"宽带中

---

① 为增强对于"宽带中国"政策作为数字经济发展状况的代理变量的合理性的理解，本书整理了"宽带中国"政策的主要内容，将其展示在本书附录部分。

国"示范城市的德州市的固定宽带家庭普及率，比创建期初提高了 19.5 个百分点，移动宽带（3G/4G）人口普及率比创建期初提高了 6.7 个百分点，速率在 8 Mbps 及以上的宽带用户渗透率达到了 94.3%，大幅超过创建期的计划指标。2014 年被确定为第一批"宽带中国"示范城市的吴忠市大力开展电子商务"进农村"服务，实现了工业品下乡和农特产品进城双向流通，电子商务农村覆盖率达到 50%。可以看出，"宽带中国"战略显然有助于强化数字和网络基础，促进云计算、智能化、信息通信等技术发展，推动数字网络与经济社会的融合发展，因而有利于依赖数字和网络基础以及信息通信等技术发展，旨在发挥数字网络对提高经济运行效率，为经济发展赋能作用的数字经济的发展。2017 年，《中国新闻网》发文指出："宽带中国"政策促进了数字经济的爆发式增长。因此，"宽带中国"的政策效果也与数字经济的发展密切相关。

总之，通过梳理其他有助于数字经济发展的政策以及"宽带中国"政策，可以看出，其他政策大多只是旨在促进某一领域的发展，只有"宽带中国"的政策内容最为丰富，与数字经济的内涵最为接近。因此，通过多方比较，使用"宽带中国"政策代理数字经济的发展状况具有较高的合理性。

## 3.4 实证模型设定

首先构建用于检验数字经济发展与非农就业之间关系的实证模型。由于作为外生冲击的"宽带中国"政策可以有效代理数字经济的发展，为利用双重差分法（difference-in-difference，DID）检验数字经济促进非农就业的因果效应提供了可能。具体而言，在式（3.35）中，$D_{c(i)} \cdot T_t$ 是双重差分项（以下简称 DID 项），其中，$D_{c(i)}$ 反映的是个体层面的变异性，表示个体 $i$ 所在的 $c$ 市是否位于"宽带中国"政策的实验组；$T_t$ 反映的是时间层面的变异性，表示 $t$ 时是否开始实施"宽带中国"政策；$Y_{ict}$ 是 $c$ 市 $i$ 个体在 $t$ 时是否从事非农工作的虚拟变量。

$$Y_{ict} = \alpha_1 D_{c(i)} \cdot T_t + Z'_{ict}\alpha + \theta_i + \omega_t + \varepsilon_{ict} \tag{3.35}$$

$Z'_{ict}$ 是控制变量，主要包括个体、家庭、地区等层面的变量。其中，个体特征主要是性别、年龄、学历和婚姻状况等人口统计学相关变量。考虑到年龄对非农就业可能具有非线性影响，本书还控制了年龄的平方项。家庭特征包括人均家庭纯收入和家庭抚养负担（16 岁及以下以及 60 岁及以上家庭成员占比）等。地区特征主要是反映地区经济发展水平及结构的变量，如人均地区生产总值（取对数）、非农生产总值占地区生产总值比重和财政支出占地区生产总值比重等。$\theta_i$ 和 $\omega_t$ 分别是个体固定效应和时间固定效应。显然，在双向固定效应模型的设定下，无法估计性别和年龄的系数。$\varepsilon_{ict}$ 是随机扰动项。为缓解同一城市居民之间的相关性，采用聚类到城市的稳健标准误。与随机控制实验（randomized controlled experiment，RCT）研究相类似，由于存在样本的退出（attrition）等问题，$\alpha_1$ 实际上反映的是数字经济对于个体从事非农工作的意向性（intention-to-treat，ITT）分析效应[①]，是对于数字经济的非农就业效应的保守估计，因而不会影响估计结果的稳健性。

## 3.5　数据

本书主要使用两方面的数据。

第一方面的数据来自北京大学中国社会科学调查中心的中国家庭追踪调查（China family panel studies，CFPS），这个数据主要针对全国 25 个省、市、自治区的 162 个县样本家庭中的全部成员进行的追踪调查，包括个体、家庭和社区三个层面的数据，以此反映社会经济和人口状况。指标较为一致、代表性较强的数据源于 2010 年（反映受访者在 2009 年的相关信息），之后每两年进行一次追踪调查。成人问卷采集的信息，包括个人的年龄、性别、学历、婚姻状况和居住地等；家庭问卷和家庭关系问卷采集的信息，包括家庭收入

---

① 意向性分析是指，在对处理效果进行分析时，对于参与随机分组的对象，无论其最终是否接受了该组的处理，都应将其纳入按照随机分配原则所分配的组中进行分析。

和家庭人口规模等。利用 CFPS 数据库中的工作类型变量构造本书的被解释变量，即个体从事非农工作，则记为 1；从事农业工作，则记为 0。非农工作包括第二产业和第三产业的工作，农业工作指的是第一产业的工作①。

第二方面数据为城市层面的经济指标，主要包括数字经济发展状况变量、城市层面的控制变量以及机制变量。关于数字经济发展状况变量，采用"宽带中国"政策的外生冲击变量衡量，数据来自工业和信息化部。城市层面的控制变量以及机制变量来自 CEIC 数据库。本书样本期间为 2009—2015 年，部分缺失数据利用《中国城市统计年鉴》等相应年份的数据进行补充，包括人均地区生产总值、财政支出占比等。

将 CFPS 数据与滞后一期的城市层面的数据进行匹配，选取 16~60 岁的劳动年龄人口，并删除存在缺失值的观测样本，最终得到 47 173 个观测样本。由于本书涉及变量较多，表 3-1 仅展示了对主要变量进行的统计描述，后面还将对其他重要变量进行说明。表 3-1 显示，样本期内约有 57.9% 的个体从事非农工作，与中国的城镇化水平大致可比。此外，有 30.5% 的城市在样本期内成为"宽带中国"的试点城市，本书关心以"宽带中国"为代表的中国数字经济的发展如何影响居民的非农就业。

表 3-1　描述性统计

| 变量 | 样本量 | 均值 | 标准差 | 最小值 | 最大值 |
|---|---|---|---|---|---|
| 是否从事非农工作（是=1） | 47 173 | 0.579 | 0.494 | 0 | 1 |
| 是否是"宽带中国"试点（是=1） | 47 173 | 0.305 | 0.460 | 0 | 1 |
| 年龄 | 47 173 | 42.902 | 12.319 | 16 | 60 |
| 性别（女性=1） | 47 173 | 0.445 | 0.497 | 0 | 1 |

① 根据与本书样本期间最为接近的《国民经济行业分类》（GB/T 4754—2011），第一产业是指农、林、牧、渔业（不含农、林、牧、渔服务业）。第二产业是指采矿业（不含开采辅助活动），制造业（不含金属制品、机械和设备修理业），电力、热力、燃气及水生产和供应业，建筑业。第三产业即服务业，是指除第一产业、第二产业以外的其他行业。第三产业包括：批发和零售业，交通运输、仓储和邮政业，住宿和餐饮业，信息传输、软件和信息技术服务业，金融业，房地产业，租赁和商务服务业，科学研究和技术服务业，水利、环境和公共设施管理业，居民服务、修理和其他服务业，教育、卫生和社会工作，文化、体育和娱乐业，公共管理、社会保障和社会组织，国际组织，以及农、林、牧、渔业中的农、林、牧、渔服务业，采矿业中的开采辅助活动，制造业中的金属制品、机械和设备修理业。

| 变量 | 样本量 | 均值 | 标准差 | 最小值 | 最大值 |
|---|---|---|---|---|---|
| 学历（1~8 分别表示文盲、小学、初中、高中、大专、本科、硕士、博士） | 47 173 | 2.770 | 1.339 | 1 | 8.000 |
| 婚姻状况（结婚＝1） | 47 173 | 0.853 | 0.354 | 0 | 1.000 |
| 居住地（城市＝1） | 47 173 | 0.432 | 0.495 | 0 | 1.000 |
| 人均家庭纯收入（单位：10 万元） | 47 173 | 0.134 | 0.213 | 0 | 15.180 |
| 家庭抚养负担（60 岁及以上老人以及 16 岁及以下儿童在家庭总人口中的占比 ） | 47 173 | 0.329 | 0.279 | 0 | 1.000 |
| 人均地区生产总值（百万元）（取对数） | 47 173 | 5.105 | 1.179 | 2.203 | 7.850 |
| 非农生产总值占地区生产总值比重 | 47 173 | 0.872 | 0.081 | 0.513 | 0.997 |
| 财政支出占地区生产总值比重 | 47 173 | 0.227 | 0.170 | 0.035 | 1.484 |
| 房价占家庭总支出的比重 | 47 173 | 0.157 | 0.228 | 0.001 | 19.162 |

# 3.6  数字经济与非农就业：基准分析

表 3-2 报告了基于模型（3.35）的基准估算结果。考虑到"宽带中国"政策以城市为实施对象，通过采用聚类到地市级的标准误缓解同一城市内部样本间的相关性。表 3-2 第（1）列是不添加任何控制变量的单变量回归结果，为提高模型估计对于控制变量的稳健性，表 3-2 第（2）至（4）列依次增加了个体、家庭以及地区层面的控制变量。可以看出，在所有的回归中，数字经济发展状况的 DID 项的系数估算值均为正且显著，表明以"宽带中国"政策所代表的数字经济发展的确有利于促进非农就业（主要表现为数字经济促进了非农就业量的增加），从而有助于中国的经济结构转型。从经济显著性看，城市层面"宽带中国"政策的推行平均提升了 5.6% 的非农就业比例，效果相当可观。

表3-2  数字经济与非农就业：基准回归

| 被解释变量<br>是否从事非农工作 | （1） | （2） | （3） | （4） |
|---|---|---|---|---|
| DID | 0.058 ***<br>（0.016） | 0.057 ***<br>（0.016） | 0.056 ***<br>（0.016） | 0.056 ***<br>（0.016） |
| 个体特征 | 否 | 是 | 是 | 是 |
| 家庭特征 | 否 | 否 | 是 | 是 |
| 地区特征 | 否 | 否 | 否 | 是 |
| 个体固定效应 | 是 | 是 | 是 | 是 |
| 时间固定效应 | 是 | 是 | 是 | 是 |
| 观测数 | 47 173 | 47 173 | 47 173 | 47 173 |
| $R^2$ | 0.137 | 0.145 | 0.147 | 0.148 |

注：括号内是个体所在城市层面的稳健聚类（cluster）标准误，*** 代表 $p<0.01$，** 代表 $p<0.05$，* 代表 $p<0.1$。下同。

为简化表述，本书将"是否是'宽带中国'政策试点城市"的分组变量与"是否开始实施'宽带中国'政策"的处理变量的交互项用 DID 表示。

为简化表格，个体特征、家庭特征和地区特征分别表示个体层面控制变量、家庭层面控制变量和地区层面控制变量。

上述结果具有很强的经济学含义，如果从反事实推断的角度看，由于非农就业在一定程度上代表了城镇化和经济结构转型，因此，如果没有推行"宽带中国"战略，发展数字经济，中国的城镇化和经济结构转型的步伐将放慢。

表3-3 进一步考察数字经济对劳动力从事不同类型非农行业的异质性影响。表3-3 第（1）至（3）列表明数字经济显著促进了劳动力在民营企业从事非农工作；其次是国有企业，对在政府部门从事非农工作具有轻微促进作用［第（3）列中 DID 项的系数估计的 $t$ 值是 1.48］，对在外商投资企业从事非农工作的影响是负向的。可能的原因是相较于其他所有制类型的企业，民营企业往往更具有活力和创新力，对数字技术的应用更加广泛，在数字经济的背景下可以得到更加蓬勃的发展，因此具有更强的就业创造效应。例如，

作为数字技术主要使用者的互联网企业多是民营企业，而民营企业对劳动力的吸纳能力更强。另外，数字经济促进了劳动力在国有企业或政府部门就业，与数字经济背景下的微博等具有随时举报、快速曝光等功能的新媒体形式，以及电子政务、数字政府等数字化治理方式有关，这些新媒体与新的治理方式增强了人们对国有企业或政府行为的监督，后文还将对这一现象做进一步分析。

表 3-3　数字经济与非农就业：不同所有制部门

| 被解释变量<br>是否从事非农工作 | (1)<br>民营非农 | (2)<br>国有非农 | (3)<br>政府非农 | (4)<br>外资非农 |
|---|---|---|---|---|
| DID | 0.041** <br> (0.016) | 0.008* <br> (0.005) | 0.003 <br> (0.004) | -0.006 <br> (0.006) |
| 个体特征 | 是 | 是 | 是 | 是 |
| 家庭特征 | 是 | 是 | 是 | 是 |
| 地区特征 | 是 | 是 | 是 | 是 |
| 个体固定效应 | 是 | 是 | 是 | 是 |
| 时间固定效应 | 是 | 是 | 是 | 是 |
| 观测数 | 35 433 | 35 433 | 35 433 | 35 433 |
| $R^2$ | 0.055 | 0.004 | 0.004 | 0.004 |

注：第（3）列中 DID 项的系数估计的 $t$ 值是 1.48。

## 3.7　数字经济与农村劳动力的非农就业

### 3.7.1　数字经济促进非农就业的城乡异质性

以上的基准分析表明，数字经济显著促进了个体从事非农工作，本书关心数字经济主要促进了哪类个体的非农就业。

表 3-4 的第（1）（2）列报告了数字经济对农村和城市劳动力从事非农工作的影响，本书依据劳动力的户籍界定农村和城市劳动力。可以看出，数

字经济主要促进了农村户籍劳动力向非农行业流动，二者系数相差 1 倍多，且差异显著。显然，相较于城市样本，从农业到非农就业的转换过程主要发生于农村户籍样本。

表 3-4 数字经济与非农就业：城乡异质性

| 被解释变量 是否从事非农工作 | （1） 农村户籍样本 | （2） 城市户籍样本 |
|---|---|---|
| DID | 0.037 ** (0.017) | 0.016 ** (0.006) |
| 个体特征 | 是 | 是 |
| 家庭特征 | 是 | 是 |
| 地区特征 | 是 | 是 |
| 个体固定效应 | 是 | 是 |
| 时间固定效应 | 是 | 是 |
| 观测数 | 35 433 | 11 740 |
| $R^2$ | 0.222 | 0.048 |
| 系数差异的显著性检验 $p$ 值 | 0.040 | |

上述结果表明，以"宽带中国"政策代表的数字经济发展，有助于从职业转移的角度加快中国的新型城镇化建设步伐，并为进一步在居住地、收入、心理、身份等方面为实现城镇化奠定基础。这显然体现了数字经济对缩小城乡差距，促进共同富裕的重要作用。

因此，从这一部分开始，本书对样本进行限制，主要讨论数字经济对农村户籍劳动力（下文简称"农村劳动力"）向非农行业流动的影响。

## 3.7.2 稳健性检验

为缓解异常值对估计结果造成的影响，表 3-5 第（1）（2）列分别报告了缩尾 1% 和缩尾 5% 的结果，DID 项的系数仍然显著，证明基准回归结果不受异常值的影响。

表 3-5　数字经济与非农就业：稳健性检验

| 被解释变量 | （1） | （2） | （3） | （4） | （5） |
|---|---|---|---|---|---|
| | 是否从事非农工作 | | | | |
| | 缩尾1% | 缩尾5% | 仅保留至少出现3次的样本 | 上一调查年份失业或退出劳动力市场 | 边际效应 |
| DID | 0.033 ** | 0.029 * | 0.036 ** | 0.079 * | 0.026 ** |
| | （0.016） | （0.017） | （0.017） | （0.041） | （0.011） |
| 个体特征 | 是 | 是 | 是 | 是 | 是 |
| 家庭特征 | 是 | 是 | 是 | 是 | 是 |
| 地区特征 | 是 | 是 | 是 | 是 | 是 |
| 个体固定效应 | 是 | 是 | 是 | 是 | 是 |
| 时间固定效应 | 是 | 是 | 是 | 是 | 是 |
| 地区固定效应 | 否 | 否 | 否 | 否 | 否 |
| 观测数 | 35 433 | 35 433 | 27 789 | 18 433 | 35 433 |
| $R^2$ | 0.227 | 0.228 | 0.231 | 0.062 | 0.223 |

注：为简化表格，地区固定效应表示地区固定效应。下同。

　　由于在 CFPS 的不同调查年份，存在着样本流出和新增样本问题，如果样本的流入和流出非随机，那么 DID 项的系数反映的只是样本变化带来的影响。为了控制存在的样本选择问题，借鉴邢春冰（2006）的做法，本书在表 3-5第（3）列中仅保留在三次调查中均出现的样本，可以看出，DID 项的系数仍然在 5% 的显著性水平下显著。另外，即使是在三次调查中均出现的样本，由于年龄等的限制，一些样本在某些调查年份尚未进入劳动力市场，因此每年的样本数量不完全一致。但是在此时，年龄以及教育水平是影响样本变化的主要因素，因此，通过在基准回归中控制年龄及受教育水平变量，已经部分解决了这个问题。

　　由于农村劳动力由农业部门转移至非农部门工作，并不能带来劳动力市场整体就业量的提升，只是劳动力在不同部门间的流动，因此，在表 3-5第（4）列，将样本限制在上一调查年份失业或退出劳动力市场的农村劳动力群体中，以检验数字经济能否提升农村劳动力的整体就业率，特别是非农行业的就业率。结果发现数字经济显著促进了上一调查年份失业或退出劳动力市场的农村劳动力在本期从事非农工作，说明数字经济为农村劳动力中的失业者或退出劳动力市场的个体提供了大量非农就业机会，有助于降低失业率或帮助退出劳动力市场的农村劳动力重新就业，提升农村劳动力群体的整体就业率。

如前所述，由于处理组的城市受到"宽带中国"政策影响的时间并不一致，北京、天津、上海等城市于 2014 年成为试点，太原、鞍山、新乡等城市则于 2015 年成为试点。由于 CFPS2016 反映的是 2015 年微观个体的特征，因此在 CFPS2016 调查的样本中，于 2014 年开始试点的城市中的农村劳动力已经受到了两年的政策影响，而于 2015 年成为试点的城市中的农村劳动力仅受到一年的政策影响，可以利用这一差异检验"宽带中国"政策对非农就业的边际影响。具体来说，将是否从事非农工作的虚拟变量对受到"宽带中国"政策影响的时间长度回归检验的边际效应，汇报于表 3-5 第（5）列。可以看出，"宽带中国"政策每多实施一年，农村劳动力从事非农工作的概率提高 2.6 个百分点。

如果将式（3.35）视作线性回归模型，那么想要保证 DID 项的系数估计值的无偏性，则需满足式（3.36）所示的前提假设，即在控制了控制变量 $\omega_{ict}$ 后，核心解释变量 $D_{c(i)} \cdot T_t$ 与随机扰动项 $\varepsilon_{ict}$ 无关。

$$\text{cov}\left(D_{c(i)} \cdot T_t, \ \varepsilon_{ict} \mid \omega'_{ict}\right) = 0 \qquad (3.36)$$

如果在潜在结果框架下理解式（3.35），则前提假设可以写作式（3.37），即控制组未接受处理状态下潜在结果的变化，是处理组未接受处理状态下潜在结果变化的反事实，意味着处理组和控制组需满足平行趋势假定。

$$E\left(\Delta y_{ict}^0 \mid \omega'_{ict}, \ D_{c(i)} = 1\right) = E\left(\Delta y_{ict}^0 \mid \omega'_{ict}, \ D_{c(i)} = 0\right) \qquad (3.37)$$

如果无法满足式（3.36）或式（3.37）所示的前提假设，那么使用 DID 方法识别数字经济对非农就业的因果效应时，会面临很多内生性问题从而影响对该因果效应的识别。

### 3.7.3 反向因果分析

由于"宽带中国"政策是城市层面的政策变量，因此城市层面的某些可观测或不可观测因素对这个政策具有选择性，忽略这些因素将使得 DID 项无法反映数字经济的真正处理效应，从而造成内生性问题。例如，数字经济和非农就业之间的相关关系体现的只是非农就业对数字经济发展的需求，即可能存在反向因果问题，从而掩盖数字经济对非农就业的真实促进作用。下面从几个方面分析反向因果问题。

从个体角度看，个体层面的不可观测因素，如创新能力、逻辑思维能力等均有助于农村劳动力从事非农工作，同时也会对数字经济的发展产生需求，因此，使用 CFPS 数据库中访员对受访者个人智力水平的评分，作为受访者个人能力的代理变量，并将样本限制在拥有较低的个人能力的农村劳动力中，即期初①的智力水平低于期初样本均值的农村劳动力中，以削弱个人能力的变异带来的反向因果问题。

从家庭的角度，家庭层面的不可观测因素，如家庭的经济实力等也有助于个体非农就业，同时也会对数字经济的发展产生需求。由于家庭的净资产越多，意味着家庭拥有更强的经济实力，因此，本书继续将样本限制在期初家庭净资产低于期初样本均值的家庭中，以减小家庭支持个体非农就业能力的变异带来的反向因果问题。

从地区的角度，地区层面的不可观测因素，如更宽松的就业政策、更具创新活力的城市精神等也有助于农村劳动力非农就业，同时也对数字经济的发展产生需求，而经济发展水平高的地区往往具有这些有助于非农就业的不可观测因素，因此本书继续将样本限制在期初人均地区生产总值低于期初样本均值的城市中，以及城区常住人口数量在 300 万人以下的非大城市②中，以减小地区支持非农就业能力的变异带来的反向因果问题。

表 3-6 的第（1）至（4）列报告了相应回归结果，发现核心解释变量系数变化不大，意味着在控制了可能存在的反向因果问题后，数字经济仍然可以显著促进农村劳动力非农就业，加强了表 3-4 所得结论的稳健性。

---

① 期初指在本书研究的样本期间（2011—2015 年）内，个体首次接受访问的年份。

② 2014 年 11 月 20 日，国务院发布《关于调整城市规划分标准的通知》，该通知按城区常住人口数量将城市划分为五类七档，其中城区常住人口在 300 万人以上 500 万人以下的城市划为 I 型大城市。

表 3-6  控制反向因果的影响

| 被解释变量<br>是否从事非农工作 | (1) | (2) | (3) | (4) |
|---|---|---|---|---|
| | 智力水平<br>低于均值 | 家庭净资产<br>低于均值 | 人均 GDP<br>低于均值 | 300 万人口<br>以下城市 |
| DID | 0.039 **<br>(0.016) | 0.040 **<br>(0.019) | 0.049 *<br>(0.026) | 0.035 *<br>(0.019) |
| 个体特征 | 是 | 是 | 是 | 是 |
| 家庭特征 | 是 | 是 | 是 | 是 |
| 地区特征 | 是 | 是 | 是 | 是 |
| 个体固定效应 | 是 | 是 | 是 | 是 |
| 时间固定效应 | 是 | 是 | 是 | 是 |
| 观测数 | 25 886 | 18 830 | 22 687 | 30 217 |
| $R^2$ | 0.268 | 0.267 | 0.247 | 0.236 |

## 3.7.4  遗漏变量分析

由于同一时期城市层面的其他政策也可促进农村劳动力从事非农工作且与"宽带中国"政策相关,便与"宽带中国"政策对非农就业的真实效果相混淆。

### 3.7.4.1  大众创业,万众创新

2014 年提出的"大众创业,万众创新"政策,旨在通过采取一系列措施促进创业创新,其中一些措施如推进互联网金融发展既与数字经济密切相关,又可以推动农村劳动力非农就业。为排除这一政策的影响,在表 3-7 的第(1)列中删除了非农创业样本。进一步的,由于担心还有其他的促进创业创新的政策会干扰数字经济与非农就业的关系,在表 3-7 第(2)列中,利用北京大学企业大数据研究中心编制的城市创新创业指数,将样本限制在创新创业指数位于当年均值以下的城市,以减小促进创新创业政策的力度在城市间的变异性。可以看出,表 3-7 第(1)(2)列中 DID 项的系数仍显著为正,表明即便促进创新创业的政策可能影响农村劳动力非农就业,但在控制了这一政策的影响后,数字经济仍然可以促进其非农就业。

表 3-7　遗漏变量分析：排除其他政策的影响

| 被解释变量<br>是否从事<br>非农工作 | (1)<br>删除非农<br>创业样本 | (2)<br>创新创业<br>指数位于<br>均值以下 | (3)<br>控制"差<br>异化落户"<br>政策 | (4)<br>删除产业互<br>联网发展指<br>数前 10 城市 | (5)<br>删除智能<br>城市指数<br>前 10 城市 | (6)<br>删除制造业<br>样本 |
|---|---|---|---|---|---|---|
| DID | 0.044 *** | 0.049 ** | 0.031 * | 0.034 * | 0.037 ** | 0.030 * |
|  | (0.017) | (0.023) | (0.018) | (0.017) | (0.018) | (0.016) |
| 个体特征 | 是 | 是 | 是 | 是 | 是 | 是 |
| 家庭特征 | 是 | 是 | 是 | 是 | 是 | 是 |
| 地区特征 | 是 | 是 | 是 | 是 | 是 | 是 |
| 个体固定效应 | 是 | 是 | 是 | 是 | 是 | 是 |
| 时间固定效应 | 是 | 是 | 是 | 是 | 是 | 是 |
| 观测数 | 23 781 | 19 896 | 35 433 | 33 229 | 32 691 | 30 109 |
| $R^2$ | 0.261 | 0.232 | 0.223 | 0.233 | 0.253 | 0.232 |

### 3.7.4.2　"差别化落户"政策

在大城市生活的政策影响非农就业的可能性，例如，旨在疏解大城市人口压力的"差别化落户"政策会对非农就业造成负面影响。2014 年，国务院印发了《关于进一步推进户籍制度改革的意见》，人口的重要迁移地——城区人口 300 万人以上的大城市或特大城市的落户政策进一步收紧，导致一些特大城市开始疏解流动人口。由此会抑制农村劳动力进城从事非农工作。为了控制"差别化落户"政策的影响，本书按照城区人口规模构造了"是否是大城市或特大城市"的虚拟变量。由于 2014 年的"差别化落户"政策影响的是2015 年的样本，因此将"是否是 2015 年"的虚拟变量与"是否是大城市或特大城市"的虚拟变量交互，在表 3-4 第（1）列的基础上，将交互项以及相应的一次项作为新的控制变量进行回归，以进一步控制"差别化落户"政策的影响，结果报告于表 3-7 第（3）列，可以看出，DID 项系数仍然显著为正，说明尽管"差别化落户"政策可能影响农村劳动力非农就业，但在控制了这项政策的影响后，DID 项的系数依然显著，表明数字经济的确促进了农村劳动力非农就业。

### 3.7.4.3  人工智能发展

党的十九大提出，要推动互联网、大数据、人工智能和实体经济深度融合，意味着本书在模型估计中很容易混淆数字经济与其推动的以智能制造为代表的人工智能政策的效果。在表 3-7 第（4）至（6）列中，本书采取了多种途径排除推进人工智能政策对模型估计结果的干扰。36 氪研究院发布的"2020 年中国城市产业互联网发展指数"，在一定程度上，指数越高反映当地对人工智能技术的政策支持力度越大。因此，本书删除了排名前十的城市，结果报告于表 3-7 第（4）列。表 3-7 第（5）列又进一步删除了悉尼大学商学院发布的"2020 中国智能城市指数"排名前十的城市[①]。值得注意的是，这些被删掉的城市多是大城市或经济发达的城市，因此这些做法也可以在一定程度上弱化大城市或经济发达城市对 DID 项系数估计的影响。此外，由于以智能制造为代表的人工智能等政策主要适用于制造业，因此在表 3-7 第（6）列，删除了制造业就业的样本。可以看出，DID 项的系数依然显著，说明本书的估计结果不会过多地受到由于遗漏了人工智能相关政策可能导致的估计偏差。

从本质上说，智能制造是数字经济在生产领域的体现。数字技术与制造业相融合而形成的产业互联网，本身就是数字经济的核心内涵之一，显然有助于推动非农就业。不过，表 3-7 第（4）至（6）列的结果说明，当控制了智能制造政策的影响后，数字经济的发展仍然可以显著促进非农就业，说明数字经济对非农就业的促进作用，不仅包括智能制造的影响，也包括其他方面的作用。

### 3.7.4.4  技术进步、农村土地制度与城乡收入差距

对于农村劳动力而言，向非农行业的转移过程还受到农业和非农行业的技术进步、农村土地制度改革和城乡收入差距的影响。这些因素可能混淆数字经济对农村劳动力向非农行业流动的真实作用。因此，本书进一步分析这

---

① 由于智能化在近几年才蓬勃发展起来，因此关于城市智能化水平的数据基本在 2018 年之后才出现，尽管在本书的样本期间之外，但是由于 2018 年、2019 年的智能化水平可以综合反映 2018 年之前这个城市已经具有的智能化潜力，因此可以在一定程度上度量样本期内城市的潜在智能化水平。

些因素可能造成的内生性问题，以更清楚地识别数字经济对农村劳动力从事非农工作的因果效应①。

（1）非农技术进步一方面可以带动非农行业发展，进而促进农村劳动力从事非农工作；另一方面也可产生替代效应（Autor et al.，2003；Acemoglu et al.，2018，2020），降低对农村劳动力的需求。因此，在研究数字经济对非农就业的作用时，需要考虑非农技术进步的影响。表3-8第（1）列通过计算地级市层面的非农行业上市公司的平均研发支出近似地区层面的非农技术进步水平，在表3-4第（1）列的基础上，将其作为新的控制变量进行回归。从估计结果看，数字经济依然显著促进了农村劳动力的非农就业。

表3-8 考虑技术进步的影响

| 被解释变量<br>是否从事非农工作 | （1） | （2） | （3） |
| --- | --- | --- | --- |
| DID | 0.037 ** | 0.037 ** | 0.036 ** |
| | （0.017） | （0.017） | （0.017） |
| 非农行业研发支出（取对数） | 0.002 | — | 0.002 |
| | （0.002） | — | （0.002） |
| 单位作物面积农用机械总动力 | — | -0.013 | -0.015 |
| | — | （0.027） | （0.027） |
| 个体特征 | 是 | 是 | 是 |
| 家庭特征 | 是 | 是 | 是 |
| 地区特征 | 是 | 是 | 是 |
| 个体固定效应 | 是 | 是 | 是 |
| 时间固定效应 | 是 | 是 | 是 |
| 观测数 | 35 433 | 35 433 | 35 433 |
| $R^2$ | 0.223 | 0.222 | 0.223 |

农业技术进步也可对农村劳动力向非农行业流动产生作用。一方面，农业

---

① 利用全样本中分析内生性问题时使用的所有方法讨论了农村样本中的内生性问题，结果依然是稳健的。限于篇幅，此处不再报告，感兴趣的读者可联系作者索取相应结果。

技术进步可以提升农业劳动生产率，从而释放更多农村劳动力转向非农行业；另一方面，农业技术进步可以提升农产品的附加值，促进农业生产，增加对农业劳动力的需求。表3-8第（2）列借鉴徐建国和张勋（2016）以及魏金义和祁春节（2015）的做法，加入了单位作物面积的农用机械总动力衡量农业技术进步，可以看出数字经济的估计系数仍然显著为正。在表3-8第（3）列中同时控制了非农和农业技术进步，此时数字经济的估计系数仍然是稳健的，说明即便存在技术进步，数字经济仍然可以显著促进农村劳动力的非农就业。

（2）土地是农业生产活动的关键要素。土地制度或土地政策对农业生产和农村劳动力就业具有重要影响。在本书的样本期内，最重要的一项土地制度是"三块地"政策。根据2014年12月通过的《关于农村土地征收、集体经营性建设用地入市、宅基地制度改革试点工作的意见》，在33个县开展了试点工作。这些改革有助于增加农民收入，会对农村劳动力向非农行业流动产生影响。为了控制这一影响，本书在表3-4第（1）列的基础上，控制了该地区是否试点实施了"三块地"的处理变量，表3-9第（1）列的估计结果表明，数字经济对农村劳动力非农就业的影响仍然是稳健的。表3-9第（2）列删除了33个试点县所在市，仅在没有受到该政策影响的样本中，考察数字经济与农村劳动力非农就业的关系，本书发现DID项系数依然显著为正。

表3-9 考虑农村土地制度改革的影响

| 被解释变量<br>是否从事非农工作 | （1）<br>所有<br>农村样本 | （2）<br>删掉<br>"三块地"<br>处理组样本 | （3）<br>所有农村样本 | （4） | （5） | （6） |
|---|---|---|---|---|---|---|
| DID | 0.037 **<br>(0.017) | 0.040 **<br>(0.016) | 0.038 **<br>(0.017) | 0.039 **<br>(0.017) | 0.032 *<br>(0.016) | 0.034 **<br>(0.017) |
| 是否位于"三块地"处理组×<br>是否开始实施"三块地"政策 | -0.001<br>(0.037) | — | — | — | — | — |
| 土地出让面积/<br>行政区面积 | — | — | 0.000<br>(0.000) | — | — | 0.000<br>(0.000) |

续表

| 被解释变量<br>是否从事非农工作 | （1）<br>所有<br>农村样本 | （2）<br>删掉<br>"三块地"<br>处理组样本 | （3）<br>所有农村样本 | （4） | （5） | （6） |
|---|---|---|---|---|---|---|
| 单位面积的土地出让价款 | — | — | — | 0.009 **<br>（0.004） | — | 0.013 **<br>（0.005） |
| 农林水利事务投入<br>占 GDP 比重 | —<br>— | — | — | — | −0.145<br>（0.093） | −0.177 ***<br>（0.068） |
| 个体特征 | 是 | 是 | 是 | 是 | 是 | 是 |
| 家庭特征 | 是 | 是 | 是 | 是 | 是 | 是 |
| 地区特征 | 是 | 是 | 是 | 是 | 是 | 是 |
| 个体固定效应 | 是 | 是 | 是 | 是 | 是 | 是 |
| 时间固定效应 | 是 | 是 | 是 | 是 | 是 | 是 |
| 观测数 | 35 433 | 32 004 | 35 433 | 35 433 | 35 433 | 35 433 |
| $R^2$ | 0.222 | 0.225 | 0.222 | 0.223 | 0.224 | 0.225 |

由于土地制度改革可以促进农村集体经营性建设用地顺畅流转而顺利入市，可以预见，土地出让行为越活跃，越可促进农村集体经营性建设用地入市，进而影响农村劳动力的就业决策。因此，表 3-9 第（3）（4）列进一步考虑了按行政区面积平均的土地出让面积和单位面积的土地出让价款作为控制变量，本书发现，DID 项的系数均无显著变化。另外，地方的农林水利事务的投入越高，意味着当地政府施行了越多的有利于农业生产的政策。表 3-9 第（5）列控制了农林水利事务投入占 GDP 的比重，可以看到，DID 项系数仍保持稳健。本书在表 3-9 第（6）列同时控制了按行政区面积平均的土地出让面积、单位面积的土地出让价款，以及农林水利事务投入占 GDP 的比重，DID 项的系数仍然显著为正。综合以上分析，即便农村土地制度改革等相关政策可对农村劳动力的非农就业决策产生一定作用，但数字经济促进农村劳动力非农就业的实证结论依旧是稳健的。

（3）城乡收入差距的扩大，可吸引农村劳动力向非农行业流动以追求更高的收入。在表 3-10 第（1）（2）列中，控制了农民人均纯收入与城镇居民人均可支配收入的比值，以及第一产业 GDP 与第二三产业 GDP 之和的比值，第（3）列进一步把两个变量同时纳入回归分析中，可以发现 DID 项系数依然保持正向显著，证实了结果的稳健性。

表3-10  考虑城乡收入差距的影响

| 被解释变量<br>是否从事非农工作 | （1） | （2） | （3） |
|---|---|---|---|
| DID | 0.036** | 0.037** | 0.035** |
| | (0.017) | (0.018) | (0.017) |
| 农民人均纯收入/<br>城镇居民人均可支配收入 | 0.021 | — | 0.016 |
| | (0.023) | | (0.022) |
| 第一产业 GDP 占<br>第二三产业 GDP 之和的比重 | — | 1.999 | 1.938 |
| | | (1.247) | (1.219) |
| 个体特征 | 是 | 是 | 是 |
| 家庭特征 | 是 | 是 | 是 |
| 地区特征 | 是 | 是 | 是 |
| 个体固定效应 | 是 | 是 | 是 |
| 时间固定效应 | 是 | 是 | 是 |
| 观测数 | 35 433 | 35 433 | 35 433 |
| $R^2$ | 0.222 | 0.223 | 0.223 |

综合以上分析，即使"大众创业，万众创新"政策、"差别化落户"政策，以及以智能制造为代表的人工智能政策、技术进步、农村土地制度改革和城乡收入差距等因素，可能影响农村劳动力的非农就业决策，但考虑了这些因素的影响后，数字经济依旧显著促进了农村劳动力从事非农工作，充分显示了数字经济在促进就业和经济结构转型方面的关键性作用。

实际上，无论是控制大城市或经济发达城市的影响，还是控制城市层面其他政策的影响，仍是考虑造成内生性问题的城市层面的可观测因素的影响。在表3-11第（1）列中，在表3-4第（1）列的基础上，控制了地区固定效应以控制城市层面的更多不可观测因素的影响，可以看出，DID 项的系数在5%的显著性水平下依然显著为正，表明城市层面的更多不可观测因素对于数字经济真实效果估计的干扰较小。

表 3-11 遗漏变量分析：控制地区层面不可观测因素的影响

| 被解释变量 是否从事非农工作 | （1） |
|---|---|
| DID | 0.047** (0.019) |
| 个体特征 | 是 |
| 家庭特征 | 是 |
| 地区特征 | 是 |
| 个体固定效应 | 是 |
| 时间固定效应 | 是 |
| 地区固定效应 | 是 |
| 观测数 | 35 433 |
| $R^2$ | 0.227 |

### 3.7.5  平行趋势检验

在本书的研究情境下，若想通过 DID 方法更加干净地识别数字经济对非农就业的因果效应，最重要的假设是，在不实施该政策情况下未实施"宽带中国"政策城市的非农就业概率的变化，是试点城市假如不实施该政策时的非农就业概率变化的反事实，即处理组和控制组满足平行趋势假定，在冲击发生前必须具有可比性。估计模型（3.38），对处理组和控制组是否满足平行趋势假定进行检验：

$$Y_{ict} = \sum_{i=-2}^{1} \alpha_j D_{c(i)} \cdot T_j + Z'_{ict}\alpha + \theta_i + \omega_t + \varepsilon_{ict} \qquad (3.38)$$

表 3-12 第（1）列报告了平行趋势的检验结果。可以看出，试点城市在政策实施前 1~2 期的估计系数均不显著，证实了在试点前 1~2 期，处理组和控制组具有平行趋势。而试点发生当期的系数为正且显著，即相较于非试点城市，试点城市的农村劳动力在政策实施后更倾向于从事非农工作。这表明基准估计满足平行趋势假设，证实了数字经济发展对农村劳动力非农就业的

因果效应。

表 3-12 平行趋势检验

| 被解释变量 | （1） | （2） | （3） |
|---|---|---|---|
| 是否从事非农工作 | 平行趋势检验 | 预期效应检验 | |
| 是否为试点 | -0.010 | — | — |
| ×是否是政策实施前 2 期 | (0.044) | — | — |
| 是否为试点 | 0.049 | — | — |
| ×是否是政策实施前 1 期 | (0.047) | — | — |
| 是否为试点 | 0.081* | 0.082*** | 0.132*** |
| ×是否开始实施政策 | (0.046) | (0.027) | (0.043) |
| 个体特征 | 是 | 是 | 是 |
| 家庭特征 | 是 | 是 | 是 |
| 地区特征 | 是 | 是 | 是 |
| 控制变量×是否是政策实施前 1 期 | 否 | 是 | 是 |
| 个体固定效应 | 是 | 是 | 是 |
| 时间固定效应 | 是 | 是 | 是 |
| 地区固定效应 | 否 | 否 | 是 |
| 地区固定效应×是否是政策实施前 1 期 | 否 | 否 | 是 |
| 观测数 | 35 433 | 35 433 | 35 433 |
| $R^2$ | 0.225 | 0.235 | 0.254 |

当然，政策实施前 1 期的系数已经为正，虽然不显著，但从严格意义上说，表明可能存在预期效应。即如果农村劳动力预期到将要实施"宽带中国"政策而改变个人行为，那么便会混淆"宽带中国"政策实施的真实效果，因此需要对预期效应进行控制。表 3-12 第（2）列，在基准估计的基础上控制了在政策实施前 1 期由于预期到将要实施"宽带中国"政策而发生变化的控制变量（居住地、人均家庭纯收入、财政支出占比等），与政策实施前 1 期的虚拟变量的交互项；表 3-12 第（3）列还控制了地区固定效应、地区固定效应与政策实施前 1 期的虚拟变量的交互项，以削弱城市层面不可观测因素由于预期到将要实施"宽带中国"政策而发生的变化。表 3-12 第（2）（3）列

的估计结果显示，在控制了存在的预期效应的影响后，数字经济仍然可以显著促进农村劳动力从事非农工作。

### 3.7.6 稳定单元处理效果假设检验

稳定单元处理效果假设（stable unit treatment value assumption，SUTVA）检验是使用 DID 方法进行因果识别的重要条件。稳定单元处理效果假设包括两层含义：一是被试者不会预期到自己将要被试而改变自己行为从而影响处理效果，即不存在预期效应（霍桑效应）；二是每个个体的潜在结果独立于其他个体接受处理的水平，即不存在溢出效应（同侪效应、一般均衡效应）。

上面已经检验了预期效应，发现确实存在一定的预期效应，但当控制了预期效应的影响后，数字经济对非农就业的促进作用仍然成立，即预期效应并未对数字经济与非农就业之间的因果关系造成干扰。"宽带中国"政策的实施可以完善试点地区的通信基础设施，提高数字化程度，优化就业环境，因此可能吸引非试点地区的个体迁移，这种样本成分在政策实施前后的改变可能对政策效果的估计产生偏误。并且，由于网络的外部性和协同效应，即使农村劳动力所在地区没有实施"宽带中国"政策，离试点城市越近也越容易受到政策溢出影响。因此，借鉴非欧力等（Fowlie et al.，2012）的做法，表 3-13 第（1）（2）列，在表 3-4 第（4）列的基础上，分别将样本限制在各城市到处理组城市的最短距离或平均距离高于相应均值的样本中，由于此时控制组受到处理组影响的概率较小，因此 DID 项系数的绝对值变得更大且非常显著，符合直觉。在表 3-13 第（3）列还进一步采用逆概率加权（inverse probability weighting，IPW）方法，控制劳动力的国内流动可能引起的估计偏差[①]，可以看出，DID 项的系数仍保持稳健。综合以上分析，在同时考虑了预期效应和溢出效应后，数字经济仍然显著促进了农村劳动力非农就业，满足了稳定单元处理效果假设，进一步加强了基准回归结论的稳健性。

---

[①] 使用 IPW 方法的原因是，如果处理组和控制组的可观测变量具有系统性差异，且样本是否发生国内流动与可观测变量有关，那么样本的国内流动行为会在处理组和控制组间存在系统性差异。通过在基准回归中对发生了国内流动的样本赋予更高的权重可以缓解这一问题。

表 3-13 SUTVA 检验

| 被解释变量 是否从事非农工作 | （1） | （2） | （3） |
|---|---|---|---|
| | 控制溢出效应 | | 逆概率加权法 |
| DID | 0.069*** | 0.052** | 0.049** |
| | （0.025） | （0.022） | （0.019） |
| 个体特征 | 是 | 是 | 是 |
| 家庭特征 | 是 | 是 | 是 |
| 地区特征 | 是 | 是 | 是 |
| 个体固定效应 | 是 | 是 | 是 |
| 时间固定效应 | 是 | 是 | 是 |
| 观测数 | 22 406 | 21 892 | 35 433 |
| $R^2$ | 0.216 | 0.230 | 0.271 |

### 3.7.7 安慰剂检验

为进一步增强基准回归结果的可信性，本书还对基准回归进行了安慰剂检验。为此，本书将是否是"宽带中国"试点城市的变量重新打乱，然后随机赋给每个样本。具体而言，将这个虚假处理过程重复 1 000 次，对模型（3.35）进行估计，利用每次得到的 $\alpha_1$ 估计值及标准误计算出在虚假处理下，$\alpha_1$ 的估计值的 $t$ 统计量，并绘制出相应的 $t$ 分布图，图 3-1 展示了虚假处理下"宽带中国"试点的系数 $t$ 值分布。由于在大样本下，$t$ 分布近似于正态分布，本书在图 3-1 中分别绘制了正态分布下显著性水平为 0.01、0.05、0.10 时对应的 $t$ 值，而根据实际样本计算出的 $t$ 值 3.00 ［根据表 3-4 第（2）列计算所得］ 位于 2.58 的右侧，即在 $t$ 分布中，$t$ 的绝对值大于 3.00 的概率小于 0.01，说明在"'宽带中国'政策对农村劳动力从事非农工作无显著影响"的原假设下，本书得出的"宽带中国"试点系数的显著并不是统计上的偶然，从而可以拒绝"'宽带中国'政策对农村劳动力从事非农工作无显著影响"的原假设。

从另一角度看，利用 OLS 对式（3.35）进行估计时，DID 项的系数估计值可以表示为：

$$\hat{\alpha_1} = \alpha_1 + \gamma \frac{\text{cov}(D_{c(i)} \cdot T_t , \ \varepsilon_{ict} \mid z'_{ict})}{\text{var}(D_{c(i)} \cdot T_t \mid z'_{ict})} \quad\quad (3.39)$$

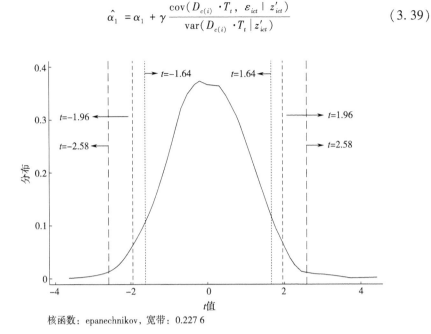

核函数：epanechnikov，宽带：0.227 6

**图 3-1　虚假处理下 DID 项估计的 $t$ 值分布**

　　因此，要想使得 $\hat{\alpha_1}$ 是对 $\alpha_1$ 的无偏估计，则不可观测因素不能干扰估计结果，$\gamma$ 应该等于 0。由于无法对 $\gamma$ 是否为 0 进行直接检验，可以构造一个虚假的 DID 项，由于此时的 DID 项不是真实的，则对被解释变量应该没有影响，即 $\alpha_1$ 等于 0。如果不可观测因素不会干扰估计结果，只需证明此时的 $\hat{\alpha_1}$ 等于 0 便能反推出 $\gamma$ 等于 0。上述随机处理的方法刚好形成了 1 000 个虚假的 DID 项。经过上述的 1 000 次回归后得到 $\hat{\alpha_1}$ 的均值为 -0.000 7，接近于 0，并且根据图 3-1 所示的 $t$ 分布图，-0.000 1 不显著，从而可以反推出 $\gamma$ 等于 0，即不可观测因素不会干扰估计结果，进一步证明了数字经济对农村劳动力非农就业的显著促进作用。这一方法在周茂等（2016，2018）的一些研究中被广泛采用。

　　此外，利用"宽带中国"政策的第三批试点城市出现在 2016 年的事实，还可以构造一个虚假处理组，即将 2016 年才成为"宽带中国"试点的城市作为处理组，控制组仍保持不变。表 3-14 第（1）列的估计结果显示，虚假 DID 项的系数不显著，这一结论也可以说明不存在预期效应，即 2016 年之前的相关变量不会由于个体预测到 2016 年所在地市是否会成为试点城市而发生改变, 从而影响被解释变量。表 3-14 第（2）列将样本期间内真正的处理组与虚假处理组合并为新的处理组重新进行回归, 可以看出尽管此时 DID 项的系数依然为正, 但已不再显著, 主要原因在于此时的处理组中包括了 2016 年才真正接受处理的个体, 因此包含了虚假处理组新的处理组的政策效果必然弱于真实处理组, 结果也是符合预期的。

表 3-14　安慰剂检验

| 被解释变量<br>是否从事非农工作 | （1） | （2） |
|---|---|---|
| 是否为 2016 年的试点× | −0.002 | — |
| 是否在 2014 年或 2015 年实施政策 | （0.018） | — |
| 是否为 2014，2015，2016 年的试点× | — | 0.016 |
| 是否在 2014 年或 2015 年实施政策 | — | （0.015） |
| 个体特征 | 是 | 是 |
| 家庭特征 | 是 | 是 |
| 地区特征 | 是 | 是 |
| 个体固定效应 | 是 | 是 |
| 时间固定效应 | 是 | 是 |
| 观测数 | 27 459 | 35 433 |
| $R^2$ | 0.239 | 0.222 |

### 3.7.8　工具变量法

尽管本书采取了诸多方法缓解"宽带中国"政策效果估计的内生性问题, 但是作为城市层面的政策,"宽带中国"政策仍不可避免地受到城市层面诸多可观测或不可观测因素的影响, 很难将这些因素一一控制。为此, 借鉴钱楠筠（Qian，2008）的研究, 将受访者所在地市到省会城市的球面距离（取对数）, 到 1998 年完成建设的"八纵八横"光缆传输骨干网节点城市距离的远近（虚拟变量）[1] 作为数字经济发展状况的工具变量。之所以采用这两个工

---

① 1994 年, 旨在加强光缆传输骨干网建设的"八纵八横"工程首次被系统性提出, 1998 年建成, 奠定了中国信息高速公路的基础。

具变量，是因为在历史上能成为光缆骨干网节点城市的地区，更可能具有布局宽带基础设施的条件。因此，一个城市若距离节点城市越近，数字经济发展的可能越好。此外，由于这一距离是历史上的地理数据，因此具有外生性。同样的，省会城市往往经济实力较强，既对"宽带中国"政策有需求，又有雄厚的经济实力实施该政策，而距离省会城市越近，地理条件、经济发展状况等与省会城市越接近，因而也越有可能成为试点城市，满足相关性。并且，由于一个地区到省会的距离是外生给定的，因此具有外生性。值得注意的是，由于距离类变量不随时间变动，分别将受访者所在地市到省会城市的球面距离（取对数），到 1998 年完成建设的"八纵八横"光缆传输骨干网节点城市距离的远近（虚拟变量）与数字金融指数①以及时间趋势交互，以形成两个具有时间维度变动性的工具变量。

在表 3-15 所示的工具变量回归中，进一步从实证角度证明了这两个工具变量的相关性和外生性。表 3-15 第（1）列报告了第一阶段的回归结果。很明显，工具变量与 DID 项显著负相关，符合预期：距离省会城市或者节点城市越近，越有可能成为"宽带中国"政策试点城市。表 3-15 第（2）列报告了采用工具变量估计的第二阶段回归结果。DID 项依然显著为负，证实了估计结果的稳健性。并且，第一阶段 $F$ 统计量大于 10，表明工具变量满足相关性特征；检验外生性的 Hansen 统计量的 $p$ 值大于 0.10，无法拒绝工具变量满足外生性的原假设，再次表明本书所选取的工具变量是有效的。从估计结果看，本书依然发现数字经济的发展显著促进了农村劳动力非农就业，证实了估计结果的稳健性。

表 3-15　工具变量估计

| 被解释变量 | (1) | (2) |
|---|---|---|
| | DID | 是否从事非农工作 |
| DID | — | 0.206** |
| | — | (0.082) |

---

① 数字金融指数由北京大学数字金融研究中心和蚂蚁金服集团共同编制，后文将进行详细介绍。

| 被解释变量 | （1） | （2） |
|---|---|---|
| | DID | 是否从事非农工作 |
| 到省会城市的距离（取对数）×数字金融指数 | −0.001 *** | — |
| | （0.000） | — |
| 到节点城市距离的远近×时间趋势 | −0.078 *** | — |
| | （0.029） | — |
| 个体特征 | 是 | 是 |
| 家庭特征 | 是 | 是 |
| 地区特征 | 是 | 是 |
| 个体固定效应 | 是 | 是 |
| 时间固定效应 | 是 | 是 |
| 观测数 | 41 029 | 21 828 |
| $R^2$ | 0.452 | 0.196 |
| 第一阶段 $F$ 统计量 | — | 10.067 |
| Hansen 检验 $p$ 值 | — | 0.746 |

注：工具变量为家庭所在地到省会城市的距离（取对数）与数字金融指数的交互项以及到"八纵八横"光缆骨干网节点城市的球面距离与时间趋势的交互项。

本节分析表明，数字经济显著促进了农村劳动力从事非农工作，并通过讨论反向因果问题、遗漏变量问题，进行平行趋势检验、SUTVA 检验、安慰剂检验和工具变量估计，证实了数字经济促进农村劳动力非农就业的因果效应。

## 3.8　本章小结

本章首先对数字经济与非农就业的关系进行了理论分析，通过拓展以弗兰克-拉姆齐模型为代表的新古典增长模型，以及加里·贝克尔和托姆斯所构建的代际收入流动分析框架，从理论模型角度研究了数字经济促进非农就业的机制。研究发现，数字经济对非农就业的促进作用，一方面源于数据要素对社会化再生产环节中的直接生产以及消费的促进作用，因而有利于非农就业；另一方面还发现数据要素可以通过提高劳动生产率进一步促进非农就业。至于数字经济有助于提高劳动生产率的背后原因，是以数据要素为基础的数字经济可以提高个体的人力资本和社会资本。

根据理论分析以及通过理论模型构建得出的推论，本章基于双重差分模型的因果识别策略，利用"宽带中国"政策准自然实验以及 CFPS 等数据，从实证角度检验了数字经济对非农就业的整体影响，证实了本书的核心结论，即数字经济有助于促进非农就业，尤其是有助于农村劳动力非农就业。并且通过稳健性分析以及包括反向因果分析、遗漏变量分析、平行趋势检验、SUTVA 检验、安慰剂检验、工具变量法等在内的内生性分析方法，加强了数字经济促进农村劳动力非农就业因果效应的可信性。

本书将继续从实证角度验证从理论分析以及理论建模得出的关于数字经济促进非农就业作用机制的推论。从非农劳动力需求以及非农劳动力供给角度出发，通过分别研究数字经济对社会化再生产过程的影响以及对劳动者自身的影响，结合数字经济的内涵，探究数字经济促进非农就业的机制，以进一步理解数字经济推动非农就业和经济结构转型的背后机理。

# 4 数字经济促进非农就业的作用机制

通过理论分析、构建理论模型以及实证检验，证明了数字经济显著促进了农村劳动力非农就业量的增加，并初步提出了其中的作用机制。本章将进一步利用数据从实证角度详细检验数字经济促进农村劳动力非农就业量增加的机制，这有助于从就业部门转型角度理解数字经济促进农村劳动力非农就业，加速新型城镇化发展的作用机制。

## 4.1 数字经济促进了社会化再生产过程快速高质量运行

### 4.1.1 产业互联网的就业创造效应

作为社会化再生产过程的起点，数据要素对直接生产过程的数字化渗透将影响整个社会化再生产过程，从而作用于就业。

以数字技术为底层技术的数字经济的发展可以促进数字产业化和产业数字化的发展，例如，数字化、网络化、智能化是数字经济的典型特征，使得互联网公司快速发展，促进了数字产业化。与此同时，数字经济也促进了传统的制造业和服务业的数字化转型：如制造业企业通过使用包括机器人在内的人工智能技术可以实现数字化转型，餐饮业和交通运输业等服务业借助于饿了么、美团、滴滴出行、共享单车、高德地图等数字化平台和工具可以实现数字化转型。

无论是数字产业化还是产业数字化，随着数字技术在生产端发挥越来越重要的作用，产业互联网得以形成。产业互联网本质上就是通过对人、机、物、系统等的全面连接，实现工业乃至全产业数字化以及数字产业化的全产业链的数字化发展。智能化、自动化的生产流程，实时性、及时性的反馈机制，精确、敏锐、交互的技术特点，数据挖掘、信息技术等手段使数据要素暴发了巨大能量，可以显著提高生产力。这些数据要素支持下的产业互联网的特点毋庸置疑地促进了生产的快速发展。一方面，生产方通过数据挖掘技术分析用户的线上浏览和过往消费等数据，可以实现精准化生产，顺利实现产品价值；另一方面，数字技术本身可以直接增强产品的数字化和智能化程度，提高产品的高技术含量，从而帮助产品实现价值增值。无论是对生产流程的数字化改善还是为产品本身注入数字化技术，在"数据为王"和"信息即生产力"的时代，数字化和信息化均暴发出巨大能量，使得数字经济成为一种技术密集型的经济形态，推动数字产业化和产业数字化不断发展，带来了生产力的巨大变革，促进了生产发展。阿罗指出，信息的使用会带来不断增加的报酬。杨汝岱（2018）指出，数据本身成为生产要素。江小涓（2017）指出，数字经济使传统服务业能够采用最先进的技术手段提高全要素生产率，因而有利于促进生产的扩大。中国信通院指出，数字产业化和产业数字化能够重塑生产力①。由于相对于非农行业而言，农业生产活动受自然条件的影响较大，使得相对于非农行业，数字技术对农业生产的促进作用较小，从《中国数字经济发展白皮书2021》发布的数据也可以看出，数字经济对非农行业的渗透率更高。因此，尽管数字技术也可以为农业发展带来新机遇，但对于非农生产的促进作用更大，进而增加了对非农劳动的需求。综合以上分析，从生产角度看，数字技术推动下的产业互联网的发展通过促进非农生产的发展，可以发挥就业创造效应，促进非农就业。

以上逻辑可以简单概括为：数字经济促进了以数字产业化和产业数字化为代表的产业互联网的形成，产业互联网通过推动非农生产的发展，促进了非农生产规模的扩大，增加了对非农劳动的需求，因此便产生了对非农劳动力的就业创造效应。如图4-1所示。

---

① 从信息经济的角度可以解释信息对生产的作用。信息的大量传播与交流降低了信息的不对称性，促进市场向更充分的竞争方向发展。根据福利经济学第一定理，此时市场均衡也逐渐向着完全竞争假设下的帕累托最优状态趋近。这显然有助于促进生产发展，尤其是促进更加依赖于信息的非农行业的发展（相对而言，农业更加受制于自然条件，信息对非农行业的边际价值大于对农业的边际价值）。

**图 4-1　产业互联网就业创造效应**

为了对数字经济促进非农就业的作用机制进行检验，需构造产业互联网的衡量指标。

首先，产业互联网的普及主要体现为人工智能行业的快速发展和应用。从政策层面看，近年来，国家出台了一系列举措，支持数字经济推动人工智能技术的应用，意味着人工智能技术的推广和普及是由数字经济发展带来的。《"十四五"数字经济发展规划》提出，要"完善 5G……人工智能、工业互联网等重点产业供应链体系"①。习近平指出："党的十九大提出，推动互联网、大数据、人工智能和实体经济深度融合，建设数字中国、智慧社会。"②不难看出，以人工智能技术为主要技术内核的数字技术与产业的融合发展是近年来，以及未来很长一段时间中国数字经济发展的主要目标，正如王文（2020）指出的，智能化生产是数字经济演进发展到现阶段最具代表性的技术。

其次，在数据层面，同样发现人工智能技术的应用是在数字经济飞速发展之后才大规模铺开的。图 4-2 报告了 2012—2015 年我国人工智能行业投资额、投资次数和投资机构数量。可以看出，2012 年的投资额、投资次数和投资机构数量均处于较低的水平；从 2013 年起，人工智能行业开始快速发展，与"宽带中国"及后续的数字经济快速发展的时期完全吻合。

再次，机器人是人工智能应用范围最广、获投公司数量最多的细分领域，机器人公司数量在不同地区的分布与人工智能公司数量的分布基本一致③。这意味着可以利用机器人的发展状况代理人工智能的发展状况，从而代理产业互联网的发展状况，以此研究数字经济是否可以通过促进产业互联网的发展，

---

① 《国务院关于印发"十四五"数字经济发展规划的通知》，国务院，2022 年 1 月。
② 习近平. 不断做强做优做大我国数字经济 [J]. 求是，2022（2）.
③ 36 氪研究院《人工智能行业研究报告》，2017 年 2 月。

进而促进非农就业。具体而言，借鉴阿西莫格鲁等（Acemoglu et al.，2020）、王永钦等（2020）的做法，本文利用式（4.1）得到的机器人渗透率衡量产业互联网的发展程度。

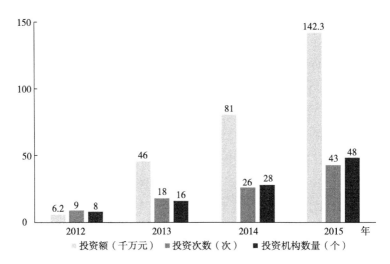

**图 4-2　2012—2015 年人工智能行业投资额、投资次数和投资机构数量**

数据来源：《2015 年中国人工智能应用市场研究》，艾瑞咨询。

$$exposure_{ct} = \sum_{d \in D} \frac{L_{cd,\,2010}}{L_{c,\,2010}} \times \frac{R_{dt}}{L_{d,\,2010}} \tag{4.1}$$

式（4.1）中，$exposure_{ct}$ 为 $c$ 市 $t$ 年的机器人渗透率，$L_{cd,2010}/L_{c,2010}$ 表示基期（此处为 2010 年）$c$ 市 $d$ 行业的就业人数占当年该市总就业人数中的比重，$L_{d,2010}$ 表示基期 $d$ 行业全国的总就业人数，$R_{dt}$ 表示 $t$ 年 $d$ 行业的机器人数量。各城市各行业就业人数数据来自 2010 年人口普查，机器人数量数据来自国际机器人联盟（International Federation of Robotics，IFR）。可以看出，城市层面的机器人渗透率实际上是将城市内部各行业的劳均机器人数量进行加总，机器人渗透率越高，代表城市的自动化和智能化水平越高，即产业互联网发展程度越高。

值得指出的是，目前能获取的可以在一定程度上代表产业互联网发展程度的指标，是新华三集团公布的作为中国城市数字经济指数构成指标的产业融合指数。这一指数从 2017 年开始发布，无法与本书微观家庭调查数据的样本区间相匹配。为此，本书检验了 2017—2019 年产业融合指数与机器人渗透率的相关性，发现二者在 1% 的显著性水平下相关，相关系数为 0.457，再次说明用机器人渗透率代理产业互联网发展状况具备一定的合理性。

表 4-1 第（1）列表明数字经济的确显著提高了以机器人渗透率为代表的产业互联网的发展。表 4-1 第（2）列表明产业互联网的发展促进了个体从事非农工作，体现了产业互联网的就业创造效应。因此，表 4-1 第（1）列和第（2）列结合，可以初步体现从社会化再生产过程角度分析的数字经济促进非农就业的第一个机制：数字经济促进了产业互联网的发展，产业互联网通过发挥就业创造效应促进了非农就业。

表 4-1 产业互联网的就业创造效应及原因

| 被解释变量 | （1）机器人渗透率 | （2）是否从事非农工作 | （3）非农生产总值 | （4）是否从事非农工作 | （5）出口占地区GDP 比重 | （6）是否从事非农工作 |
|---|---|---|---|---|---|---|
| DID | 0.125 *** | — | — | — | — | — |
| | (0.039) | — | — | — | — | — |
| 机器人渗透率 | — | 0.352 *** | 0.507 *** | — | 0.015 * | — |
| | — | (0.054) | (0.122) | — | (0.008) | — |
| 非农生产总值 | — | — | — | 0.468 *** | — | — |
| | — | — | — | (0.066) | — | — |
| 出口占地区GDP 比重 | — | — | — | — | — | 0.923 * |
| | — | — | — | — | — | (0.530) |
| 个体特征 | 否 | 是 | 否 | 是 | 否 | 是 |
| 家庭特征 | 否 | 是 | 否 | 是 | 否 | 是 |
| 地区特征 | 是 | 是 | 是 | 是 | 是 | 是 |
| 个体固定效应 | 否 | 是 | 否 | 是 | 否 | 是 |
| 时间固定效应 | 是 | 是 | 是 | 是 | 是 | 是 |
| 地区固定效应 | 是 | 否 | 是 | 否 | 是 | 否 |
| 观测数 | 466 | 35 433 | 466 | 35 433 | 466 | 35 102 |
| $R^2$ | 0.684 | 0.232 | 0.585 | 0.232 | 0.095 | 0.224 |

产业互联网为什么具有就业创造效应呢？如前所述，作为数字经济在生产领域典型体现的新技术、新产业、新业态和新型商业模式，显然可以促进非农生产规模的扩大，因此便需要更多非农劳动力以匹配扩大了的生产规模。表4-1第（3）（4）列表明，机器人渗透率显著促进了非农生产，非农生产的发展促进了非农就业，由此说明了产业互联网就业创造效应的具体作用过程。另外，随着非农生产的扩大，特别是在此过程中由于数据要素的赋能，产品质量得以提升，因此有助于出口，出口的增加则可以从外部需求的角度继续增加对非农劳动力的需求，意味着产业互联网的发展可以通过促进出口的增加进一步发挥就业创造效应。表4-1第（5）（6）列证明了这一猜想：产业互联网的发展使出口占地区GDP的比值扩大了，而出口的扩张显著促进了非农就业。

以上分析证明了数字经济可以通过促进产业互联网的发展，带来非农生产的扩大和出口的增加，进而增加对非农劳动力的需求，促进非农就业。

## 4.1.2 消费互联网强化了就业创造效应

### 4.1.2.1 数字金融强化了就业创造效应

除了生产端的发展可以直接创造更多就业外，由于消费是物质资料生产总过程的最终目的和动力，因此，消费端的发展可以通过促成商品价值实现"惊险一跃"，从而促进生产的不断发展，持续增加对非农劳动的需求，促进非农就业。尤其是在数字经济快速发展的背景下，借助于微信或支付宝支付等数字支付技术、花呗或信用贷（借呗）等数字信贷支持，消费互联网得以形成①。消费互联网的形成推动了"生产-分配-交换-消费-生产……"社会化再生产过程的快速实现。由于数据要素基础上的信息快速传播、零复制成本、供需快速匹配等技术特点，高质量的数字化产品、便捷的在线服务、实时的交易、及时的反馈，使得相较于传统的线下消费方式，文教、娱乐、医疗保健等消费内容得到快速发展，消费结构得到升级，提高了消费互联网的

---

① 消费互联网是满足消费者在互联网中的消费需求，包括阅读、出行、娱乐、生活等互联网类型。

质量。数字技术既能借助于数字支付、数字信贷等技术和服务促进消费互联网的形成，又能通过促进消费结构的高级化提高消费互联网的质量。这均有利于生产的健康、持续、高质量发展，进而更加促进非农就业发展。以上分析表明，消费互联网可以强化就业创造效应。

以上逻辑可以简单概括为：数字经济促进了以数字支付和数字信贷为代表的消费互联网的形成，并且促进了以消费结构高级化为代表的消费互联网质量的提升，消费互联网的出现和质量的提高通过推动非农生产的健康、持续、高质量发展，促进了非农就业规模的不断扩大，因而强化了数字经济的就业创造效应。如图 4-3 所示。

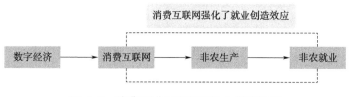

**图 4-3    消费互联网强化了就业创造效应**

对上述逻辑进行实证检验。综合了数字支付、数字信贷等业务的数字金融是近年来数字技术在消费领域的重要体现，例如，微信、支付宝等 App 均具有支付、信贷等功能，使得消费行为可以瞬间实现，节省了现金支付成本、议价成本等交易成本。本书以北京大学数字金融研究中心和蚂蚁金服集团共同编制的数字金融指数作为消费互联网的代理变量，研究数字经济是否可以促进消费互联网的发展，进而促进非农就业。该指数是基于蚂蚁金服的交易账户大数据编制的，因此具有相当的代表性和可靠性[①]，很多文献利用这一指数研究了数字金融对消费（易行健和周利，2018；张勋等，2020）、创新创业（谢绚丽等，2018）、收入（张勋等，2019）以及企业生产率提升（唐松等，2020）等的影响。表 4-2 列出了中国数字普惠金融指数的构建指标。该指数反映了数据要素在消费领域的应用，数字金融指数越大，意味着当地的线上

---

① 蚂蚁金服的交易账户数据为通常意义上的支付宝账户数据，另外一个大数据来源是腾讯集团旗下的微信支付账户数据。然而，后者不可得。

支付、信贷等活动越活跃，即消费互联网程度越高。

表 4-2　数字普惠金融指标体系

| 一级维度 | 二级维度 | | 具体指标 |
|---|---|---|---|
| 覆盖广度 | 账户覆盖率 | | 每万人拥有支付宝账号数量 |
| | | | 支付宝绑卡用户比例 |
| | | | 平均每个支付宝账号绑定银行卡数 |
| 使用深度 | 支付业务 | | 人均支付笔数 |
| | | | 人均支付金额 |
| | | | 高频度（年活跃 50 次及以上）活跃用户数占年活跃 1 次及以上比 |
| | 货币基金业务 | | 人均购买余额宝笔数 |
| | | | 人均购买余额宝金额 |
| | | | 每万人支付宝用户购买余额宝的人数 |
| | 信贷业务 | 个人消费贷 | 每万支付宝成年用户中有互联网消费贷的用户数 |
| | | | 人均贷款笔数 |
| | | | 人均贷款金额 |
| | | 小微经营者 | 每万支付宝成年用户中有互联网小微经营贷的用户数 |
| | | | 小微经营者户均贷款笔数 |
| | | | 小微经营者平均贷款金额 |
| | 保险业务 | | 每万人支付宝用户中被保险用户数 |
| | | | 人均保险笔数 |
| | | | 人均保险金额 |
| | 投资业务 | | 每万人支付宝用户中参与互联网投资理财人数 |
| | | | 人均投资笔数 |
| | | | 人均投资金额 |
| | 信用业务 | | 自然人征信人均调用次数 |
| | | | 每万人支付宝用户中使用基于信用的服务用户数（包括金融、住宿、出行、社交等） |
| 数字支持服务程度 | 移动化 | | 移动支付笔数占比 |
| | | | 移动支付金额占比 |
| | 实惠化 | | 小微经营者平均贷款利率 |
| | | | 个人平均贷款利率 |

续表

| 一级维度 | 二级维度 | 具体指标 |
|---|---|---|
| 数字支持<br>服务程度 | 信用化 | 花呗支付笔数占比 |
| | | 花呗支付金额占比 |
| | | 芝麻信用免押笔数占比（较全部需要押金情形） |
| | | 芝麻信用免押金额占比（较全部需要押金情形） |
| | 便利化 | 用户二维码支付的笔数占比 |
| | | 用户二维码支付的金额占比 |

资料来源：郭峰等（2020）。

如果数字金融发展能促进非农就业，显然与数字金融包含的具体内容有关。其中，使用深度指标反映人们实际使用数字金融服务的情况，图 4-4 勾画了 2011—2018 年使用深度指标下的支付、信贷、保险、货币基金、投资和征信业务在全国的平均发展情况。

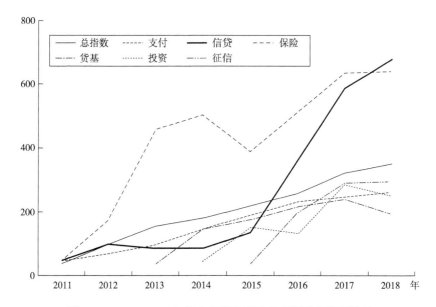

**图 4-4  2011—2018 年数字金融各项业务全国平均发展情况**

数据来源：郭峰等（2020）。

可以看出，一方面，各项业务在 2011—2018 年均呈上升趋势，体现了数字金融发展的活跃状况；另一方面，不同业务的发展趋势存在一定差异，具体表现为：信贷业务的发展势头最为强劲，尤其在 2015 年后出现了快速上涨；保险业务在 2012—2013 年呈现快速发展势头，但 2014 年后又出现了大幅回落，2015 年再次反弹，2017 年后趋于平缓，整体波动较大；支付业务尽管发展指数较低，但整体呈现持续稳定上升趋势；而征信、投资和货币基金业务经历了初期的短暂上升之后在 2017 年均趋于平稳，投资和货币基金业务指数甚至出现了下降。可以看出，支付和信贷业务是拉动数字金融指数呈现持续上升趋势的主要力量，因此也是消费互联网促进非农就业的重要原因。

表 4-3 第 (1) 列表明数字经济的确显著促进了以数字金融指数为代表的消费互联网的形成。表 4-3 第 (5) 列则表明消费互联网的发展促进了个体从事非农工作。由于这种对就业的促进作用不是直接由生产增加带来的，而是由于消费互联网改善了消费端，从而促进了非农生产发展，因此有助于创造更多就业，本书将其称为对就业创造效应的强化。由于数字金融指标体系中使用深度指标更能体现人们具体的消费活动，因此，本书进一步构成使用深度指标的细分指标分别对数字经济发展状况回归，从表 4-3 第 (2) 至 (4) 列可以看出，数字经济显著提高了支付业务、信贷业务指数，轻微提高了保险业务指数。

表 4-3  消费互联网强化了就业创造效应

| 被解释变量 | (1)<br>数字金融<br>指数 | (2)<br>支付业务<br>指数 | (3)<br>信贷业务<br>指数 | (4)<br>保险业务<br>指数 | (5) | (6) | (7) | (8) |
|---|---|---|---|---|---|---|---|---|
| | | | | | 是否从事非农工作 | | | |
| DID | 0.183 *<br>(0.098) | 7.569 **<br>(3.751) | 5.383 *<br>(2.800) | 8.623<br>(5.454) | —<br>— | —<br>— | —<br>— | —<br>— |
| 数字金融指数 | — | — | — | — | 0.056 ***<br>(0.019) | — | — | — |
| 支付业务指数 | — | — | — | — | — | 0.002 **<br>(0.001) | — | — |
| 信贷业务指数 | — | — | — | — | — | — | 0.003 ***<br>(0.001) | — |

| 被解释变量 | （1）数字金融指数 | （2）支付业务指数 | （3）信贷业务指数 | （4）保险业务指数 | （5） | （6） | （7） | （8） |
|---|---|---|---|---|---|---|---|---|
| | | | | | 是否从事非农工作 | | | |
| 保险业务指数 | — | — | — | — | — | — | — | 0.001*** |
| | — | — | — | — | — | — | — | （0.000） |
| 个体特征 | 否 | 否 | 否 | 否 | 是 | 是 | 是 | 是 |
| 家庭特征 | 否 | 否 | 否 | 否 | 是 | 是 | 是 | 是 |
| 地区特征 | 是 | 是 | 是 | 是 | 是 | 是 | 是 | 是 |
| 个体固定效应 | 否 | 否 | 否 | 否 | 是 | 是 | 是 | 是 |
| 时间固定效应 | 是 | 是 | 是 | 是 | 是 | 是 | 是 | 是 |
| 地区固定效应 | 是 | 是 | 是 | 是 | 否 | 否 | 否 | 否 |
| 观测数 | 335 | 254 | 254 | 254 | 29 576 | 20 566 | 20 566 | 20 566 |
| $R^2$ | 0.995 | 0.976 | 0.796 | 0.973 | 0.232 | 0.216 | 0.216 | 0.221 |

如前所述，使用深度指标包括货币基金业务、投资业务和征信业务等细分指标，一方面，由于三种业务分别开始于 2013 年、2014 年、2015 年，观测数较少；另一方面，从图 4-4 可以看出，信贷、保险和支付业务的发展水平相对较高，在数字金融指数的构成中占比较大，更能决定数字金融整体指数的发展变化，而货币基金业务、投资业务和征信业务在数字金融指数的构成中占比较小，对整体趋势的影响不大，结合前面发现的三类业务出现得较晚，因此三个指标不是数字经济作用于消费互联网进而促进非农就业的主要机制，后面不再讨论这三种业务。表 4-3 第（6）至（8）列表明，支付业务指数、信贷业务指数、保险业务指数均显著促进了非农就业。当然，同样的，保险业务指数的促进作用较小。可能的原因是，一方面，相较于数字支付和数字信贷技术可以分别通过加快支付过程和增强支付能力，从而直接促进消费过程的完成，保险业务很难直接促成消费，因此对于促进非农生产发展从而促进非农就业的作用便更加微乎其微；另一方面，保险业务在 2012—2013 年呈现快速发展势头，但 2014 年后又出现了大幅回落，2015 年再次反弹，2017 年后趋于平缓，整体波动较大。

以上对于数字金融细分指标的分析表明，数字金融通过发挥数字信贷的作用提供信贷资源以缓解信贷约束，增强支付能力，以及通过发挥数字支付的作用提高交易速度以加快支付进程，这两个过程或许是数字金融加速消费完成、促进非农生产发展，从而促进非农就业的主要机制。

综合而言，表4-3初步体现了从社会化再生产过程角度分析的数字经济促进非农就业的第二个机制：数字经济促进了消费互联网的形成，消费互联网通过强化就业创造效应促进了非农就业。

### 4.1.2.2 数字金融强化就业创造效应的深层原因

以数字金融为代表的消费互联网为什么能强化就业创造效应呢？数字技术和金融服务是数字金融的两方面核心内涵，因此可以从两方面核心内涵角度进行分析。

从数字技术角度，基于数字技术所具有的虚拟化、高速和互联等特点，数字金融节省了传统的线下支付与结算过程产生的空间和时间成本，促成大量原来在线下的由于远程、烦琐和信息不对称等问题而被抑制的交易。尤其是在以平台经济和共享经济为代表的新的商业模式下，对于生产者而言，借助于数据挖掘等手段，生产者可以及时捕捉消费者的需求信息。对于消费者而言，借助于平台，消费者也可以及时获得生产者的产品和服务，即数据流和信息流实现了生产者和消费者的即时连接。在这个过程中，数字金融起到了润滑剂的作用，缩短了产品和服务从生产到消费的周期，甚至可以使社会化再生产过程的生产、分配、交换、消费环节同时进行，促进生产者快速投入下一个生产过程，有利于非农生产的发展。例如，对于某项定制化的设计服务，借助于以支付宝或微信支付为代表的数字金融形式，消费者可以在几秒内完成线上支付，节省了现金支付、人工结算等交易成本，提高了支付便利性（张勋等，2020），使消费者的需求得到了快速满足。并且，由于平台上生产端、消费端、第三方平台（如作为数字金融代表的支付宝或微信支付）的数据可以共享，因此，线上支付所产生的海量交易数据也有利于生产者进一步优化生产过程，从而生产出更加适应消费者需求的产品和服务。当消费者需求被更好地满足，生产者便可以及时投入下一个生产过程，减少了传统支付方式下烦琐的现金支付和结算过程以及信息不对称所造成的经济效率损失。总的来说，从数字技术角度看，数字金融促进了支付活动快速完成，因而有利于非农生产的不断进行。

从金融服务角度，对于产品或服务从生产到消费的社会化再生产过程而言，作为交易活动的两个主要参与方，生产者稳定的资金投入和消费者的支付能力对于顺利实现商品的价值而言至关重要。数字金融的金融服务功能无疑为促成这一过程提供了"活水"。对于生产者而言，数字金融的金融服务功能有利于生产者进行稳定的资金投入，从而促进生产发展。对于消费者而言，数字金融的金融服务功能增强了消费者的支付能力。同样以某项定制化的设计服务为例，支付宝的小微经营贷①服务可以有效缓解企业的信贷约束，保障生产的稳定进行。消费者则可以凭借以往的在线支付行为产生的消费者信用数据（例如支付宝的芝麻信用），获得花呗、信用贷或者个人消费贷等金融服务，因而可以快速获得资金，完成支付过程，实现即时消费。这显然有助于商品的社会化再生产过程的完成，使生产者及时获得资金，并将之投入下一个生产过程。因此，无论是通过促进生产者稳定的资金投入，还是通过保障消费者的支付能力，数字金融的金融服务功能均有利于非农生产的不断进行。

综上，通过充分发挥数字技术和金融服务的核心内涵，数字金融优化了消费端，进而促进了非农生产的持续发展，显然有利于非农就业。因此，消费互联网强化了就业创造效应。表4-4对数字金融通过发挥支付业务和信贷业务的功能从而促进非农生产发展的作用进行了实证检验。首先，表4-4第（1）列表明数字金融显著促进了非农生产，第（2）至（4）列进一步表明支付业务功能和信贷业务功能是数字金融促进非农生产的主要原因。结合表4-1第（4）列所示的非农生产的发展促进了非农就业，证明了消费互联网可以强化就业创造效应。表4-4第（5）至（8）列表明，数字金融指数、支付业务指数、信贷业务指数的发展在一定程度上提高了出口在地区GDP中的占比，即与产业互联网类似，以数字支付、数字信贷为代表的消费互联网也能刺激

---

① 这里的小微经营贷以及下文即将提到的个人消费贷为支付宝信贷业务的两个主要内容，详情可见表4-2所示的"数字普惠金融指标体系"。

外部需求；结合表 4-1 第（6）列所示的出口增加对非农就业的促进作用，从消费互联网对外部需求的影响角度证明了消费互联网对就业创造效应的强化。但是将表 4-4 第（5）至（8）列与表 4-1 第（5）列相对比，消费互联网对外需的促进作用相对较小，因为对于更加强调产品质量的外部需求而言，数据要素对于产品的技术赋能相对于对消费方式的数字化改造更为重要。另外，将表 4-4 第（5）至（8）列与表 4-4 第（1）至（4）列所示的消费互联网对非农生产总体的影响相对比，消费互联网对外需的促进作用也相对较小，说明消费方式的数字化主要促进了内需的增加，从而促进了非农生产发展，带动了非农就业。

表 4-4　消费互联网强化了就业创造效应的进一步原因

| 被解释变量 | （1） | （2） | （3） | （4） | （5） | （6） | （7） | （8） |
|---|---|---|---|---|---|---|---|---|
| | 非农生产总值 | | | | 出口占地区 GDP 比重 | | | |
| 数字金融指数 | 0.055 *** | — | — | — | 0.002 | — | — | — |
| | (0.015) | — | — | — | (0.002) | — | — | — |
| 支付业务指数 | — | 0.003 *** | — | — | — | 0.000 | — | — |
| | — | (0.001) | — | — | — | (0.000) | — | — |
| 信贷业务指数 | — | — | 0.002 *** | — | — | — | 0.000 * | — |
| | — | — | (0.001) | — | — | — | (0.000) | — |
| 保险业务指数 | — | — | — | 0.001 *** | — | — | — | -0.000 |
| | — | — | — | (0.000) | — | — | — | (0.000) |
| 地区特征 | 是 | 是 | 是 | 是 | 是 | 是 | 是 | 是 |
| 时间固定效应 | 是 | 是 | 是 | 是 | 是 | 是 | 是 | 是 |
| 地区固定效应 | 是 | 是 | 是 | 是 | 是 | 是 | 是 | 是 |
| 观测数 | 335 | 254 | 254 | 254 | 335 | 254 | 254 | 254 |
| $R^2$ | 0.496 | 0.560 | 0.481 | 0.492 | 0.096 | 0.160 | 0.204 | 0.158 |

除了以上所述的以数字支付和数字信贷为代表的消费方式的数字化带来的消费互联网的形成，数据要素还可以带来消费内容的数字化，促进消费结构升级，提升消费互联网的质量。例如，基于数字技术所具有信息快速传播、零复制成本、供需快速匹配等特点，数字经济使得以往主要以线下形式呈现

的、在发展上具有时空约束的文教、娱乐、医疗保健等消费内容得到了快速发展，搭载着数字技术的短视频、电子游戏、在线教育、在线医疗等产品或服务在相应类型产品的消费总量中所占份额呈现了爆发式的增长。平安好医生、好大夫在线等多家医疗服务平台，提供线上义诊服务满足了疫情期间的问诊需求，线上问诊量呈激增之势；好未来、新东方等在线教育服务机构提供了丰富的在线直播教学系统、教学培训、在线教育课程等产品，推动在线教育普及度迅速提升。2020 全年在线文娱市场规模超过 5 000 亿元，较上年增长 30%以上[①]。除了线上消费能直接带来消费内容的高级化，随着相应行业线上模式的蜂拥出现，行业竞争逐渐加剧，由此可以降低相应产品或服务的价格，进一步助推消费结构升级，提高消费互联网的质量。

利用微观数据也可以实证检验数字经济对消费结构升级的助推作用。CFPS 对受访者的消费结构进行了调查，借鉴杜丹清（2017）、唐琦等（2018）的做法，本书将在医疗、教育和文化等方面的支出份额的增加视作消费结构的升级。表 4-5 第（1）列表明，数字经济显著促进了消费结构的升级，从实证角度说明了数字经济可以提高消费互联网的质量。

表 4-5 数字经济促进了消费互联网质量的提高

| 被解释变量 | （1） | （2） |
|---|---|---|
| | 消费结构升级 | 是否从事非农工作 |
| DID | 0.009* | — |
| | (0.006) | — |
| 消费结构升级 | — | -0.009 |
| | — | (0.010) |
| 个体特征 | 是 | 是 |
| 家庭特征 | 是 | 是 |
| 地区特征 | 是 | 是 |
| 个体固定效应 | 是 | 是 |
| 时间固定效应 | 是 | 是 |
| 观测数 | 24 908 | 35 428 |
| $R^2$ | 0.004 | 0.222 |

---

① 数据整理自《2020 年中国消费市场发展报告》。

以上的现实证据和实证检验均表明，数字经济可以通过促进消费内容的数字化带来消费结构的高级化，进而提升消费互联网的质量。消费互联网质量的提高显然有利于生产的健康、持续、高质量发展，发挥消费互联网对就业创造效应的强化作用。但表4-5第（2）列表明，消费结构的升级并没有显著促进非农就业，甚至消费结构升级的系数为负（不显著），可能的原因是消费结构的升级是一个漫长的过程，在短期内尚无法形成对劳动力市场的直接影响。相对而言，前面所探讨的消费方式的数字化则可以直接作用于每个社会化再生产过程，因此对于劳动力市场的影响更为直接和快速。由此可以解释表4-3第（5）至（8）列中数字金融指数、支付业务指数、信贷业务指数、保险业务指数对"是否从事非农工作"的作用显著为正，而表4-5的第（2）列中消费结构升级的作用则不显著的现象。

### 4.1.3 数字化治理保障了就业创造效应的发挥

研究发现，数字技术在实际生产领域的渗透能够促进生产发展，产生并加强就业创造效应，印证了中国信通院提到的，数字产业化和产业数字化能够重塑生产力，是数字经济发展的核心。此外，中国信通院还指出，数字化治理能够引领生产关系深刻变革，是数字经济发展的保障。从现实看，治理方式的数字化的确能够对数字经济的整体发展，以及数字经济背景下的就业等经济行为起到保障作用。治理方式的数字化可以促进组织管理结构的扁平化，加快各类信息的传播与沟通，尤其是对于作为社会主义市场经济秩序的监管主体的政府而言，政府的办事特点、公务员的行为以及对待不同身份地位劳动者的态度等，会直接影响生产发展以及劳动力的福利状况，甚至可以影响农村劳动力等社会地位较低的劳动力面临的就业环境。当政府管理逐渐数字化，政府的各种行为就处于更加透明的监督环境中，例如，数字经济时代的数字化、公开化、透明化、联动化等特点，促进了电子政务、数字政府等数字化治理形式，以及具有监督、举报等功能的微博等网络媒体的发展，为个体及时揭露不公现象、曝光不良作风、检举不法行为提供了可能，促使政府在社会监督的压力下提供优质公众服务，维护在原来不公开透明的环境中被忽略的问题以及弱势群体的利益。因此，数字技术支持下的数字化治理可以通过改善生产关系，从而保障数字经济时代生产的健康稳定发展，促进非农就业，即数字化治理可以保障就业创造效应的发挥。见图4-5。

**图4-5 数字化治理保障了就业创造效应的发挥**

本书无法获取可以直接衡量样本期间内劳动者与企业或与其他劳动者之间确切生产关系的数据，但作为社会主义市场经济秩序维护主体的政府，其行为的公正合理、办事效率的提高均有助于维护处于弱势地位的农村劳动力的合法权益，从制度环境层面改善农村劳动力与企业或与其他劳动力之间的生产关系。因此农村劳动力的权益是否得到了政府的维护，农村劳动力对政府的评价，可以在一定程度上反映农村劳动力与企业或与其他劳动力之间的生产关系。基于此，表4-6通过检验数字经济是否有利于农村劳动力的权益得到政府维护，是否提高了农村劳动力对政府的评价，间接衡量数字经济是否可以改善生产关系，并在此基础上进一步检验生产关系的改善是否能够促进农村劳动力非农就业。表4-6第（1）至（5）列分别以CFPS中是否遭遇政府不合理收费，是否因贫富差距遭遇不公对待，是否与政府干部发生冲突，是否遭遇政府干部不公对待4个变量衡量政府对农村劳动力权益的维护情况。可以看出，数字经济降低了这些现象发生的概率，即数字经济可以促进政府对农村劳动力权益的维护，因而有利于改善农村劳动力与企业或与其他劳动力之间的生产关系。表4-6第（6）列进一步利用CFPS中"个体对政府的评价"① 变量，从主观角度检验数字经济对于政府对劳动力权益维护程度的作用，可以看出，数字经济显著提高了劳动者对政府的评价，再次表明数字经济可以通过改善政府与农村劳动力的关系，从而引领生产关系的变革。表4-

---

① CFPS询问了个体对政府的评价，并用1~5打分，从1到5，数值越大，评价越差。为了表述方便，本书对这一变量重新进行了赋值：从1到5，数值越大，评价越高。

6第（7）列证明了农村劳动力对政府的评价越高，越有利于其非农就业，即生产关系的改善促进了非农就业。综合以上分析，本书初步得出了从社会化再生产过程角度分析的数字经济促进非农就业的第三个机制：数字经济促进了数字化治理的发展，数字化治理通过保障就业创造效应的发挥促进了非农就业。

表4-6　数字化治理保障了就业创造效应的发挥

| 被解释变量 | （1）是否遭遇政府不合理收费 | （2）是否因贫富差距遭遇不公对待 | （3）是否与政府干部发生冲突 | （4）是否遭遇政府干部不公对待 | （5）权益是否遭遇政府损害 | （6）对政府的评价 | （7）是否从事非农工作 |
|---|---|---|---|---|---|---|---|
| DID | -0.019 * | -0.034 ** | -0.007 | -0.011 | -0.018 * | 0.076 * | — |
|  | (0.011) | (0.017) | (0.008) | (0.015) | (0.010) | (0.041) | — |
| 对政府的评价 | — | — | — | — | — | — | 0.005 * |
|  | — | — | — | — | — | — | (0.003) |
| 个体特征 | 是 | 是 | 是 | 是 | 是 | 是 | 是 |
| 家庭特征 | 是 | 是 | 是 | 是 | 是 | 是 | 是 |
| 地区特征 | 是 | 是 | 是 | 是 | 是 | 是 | 是 |
| 个体固定效应 | 是 | 是 | 是 | 是 | 是 | 是 | 是 |
| 时间固定效应 | 是 | 是 | 是 | 是 | 是 | 是 | 是 |
| 观测数 | 30 947 | 33 088 | 34 342 | 34 284 | 33 722 | 32 315 | 30 244 |
| $R^2$ | 0.007 | 0.010 | 0.006 | 0.006 | 0.036 | 0.017 | 0.222 |

　　生产关系的改善为什么能够保障就业创造效应的发挥，表4-7表明，对政府评价[①]的提高显著促进了非农生产总值以及出口占地区GDP比重的增加，结合表4-1第（4）列和第（6）列所示的非农生产的发展以及出口的增加促进了非农就业，意味着数字化治理下政府行为的优化的确能够为非农生产发展创造良好的生产关系基础，有利于非农生产的持续进行，保障

────────

　　① 由于被解释变量是地市层面的数据，因此计算了个体所在城市每年所有受访者对政府评价的均值。

出口的顺利推进，因此有利于增加对农村非农劳动者的需求，保障就业创
造效应的实现。

表4-7　数字化治理保障了就业创造效应发挥的原因

| 被解释变量 | (1) | (2) |
|---|---|---|
| | 非农生产总值 | 出口占地区 GDP 比重 |
| 对政府的评价（地市层面的均值） | 0.024 * | 0.004 ** |
| | (0.013) | (0.002) |
| 地区特征 | 是 | 是 |
| 时间固定效应 | 是 | 是 |
| 地区固定效应 | 是 | 是 |
| 观测数 | 393 | 393 |
| $R^2$ | 0.516 | 0.098 |

值得注意的是，数字经济通过促进数字化治理从而促进非农就业机制，
可以解释表3-3第（2）列和第（3）列所示的数字经济在一定程度上，促进
了劳动力在国有企业以及政府部门从事非农工作的结论。因为数字技术推动
的政府数字化治理水平的提高，可以减少任人唯亲、"嫌贫爱富"等歧视现象
的发生，提高了进入政府部门工作的概率。此外，本书在表4-8还报告了不
同所有制单位工作的代际流动性。市场化程度较高的私企和外资的代际流动
性最高，市场化程度较低的国企和政府部门的代际流动性则较低。这与卢盛
峰等（2015）的发现相一致，他们发现非公职父辈的女婿进入公职职业的概
率仅为15.23%；国企和政府部门的代际流动性提升最快，从2011年的
22.0%上升到2015年的38.2%，如上所述，可能与近年来在数字经济背景下
电子政务、数字政府、微博等新的监督渠道的出现有关，可以更加便捷、及
时、广泛地对政府和国有企业的行为进行监督，促进了政府部门和国企工作
机会的公平性、流动性。正如蔡洪滨指出的，公平竞争的市场规则以及政府
的公平与中立，对于打破精英阶层利用制度和政策谋求自身利益，从而促进
社会流动具有重要作用，数字经济时代的数字化监督方式，为促进政府的公
平与中立创造了可能，因而促进了社会流动。

表 4-8　2011 年和 2015 年不同所有制单位的工作的代际流动性（%）

| 流动率 | 私企和外资 | 国企和政府部门 |
| --- | --- | --- |
| 2011 年 | 51.4 | 22.0 |
| 2015 年 | 42.1 | 38.2 |

以上结果具有很强的经济学含义，无论是产业互联网、消费互联网还是数字化治理，本质上都是数字经济对社会化再生产过程的影响，即数字经济的发展可以促进非农生产，特别是促进出口的增加，推动了社会化再生产过程的快速高质量运行。只有盘子做大了，才能为劳动力非农就业提供坚实的产业基础。不同的是产业互联网主要通过优化实际生产过程本身（如自动化、智能化），从生产端直接促进非农生产总值的增加，特别是促进出口的增加。消费互联网则主要通过优化消费方式和消费内容（数字支付、数字信贷、消费结构升级），从而加速产品价值的实现，加速社会化再生产过程的完成。数字化治理则主要通过创造良好的生产关系基础，维护弱势群体的利益，保障社会化再生产过程的稳定持续运行，本质上都是就业创造效应，即从生产力和生产关系两方面直接作用于社会化再生产过程，促进非农生产发展，进而增加对非农劳动力的需求。当然，通过将表 4-1 第（2）列与表 4-3 第（5）至（8）列、表 4-5 第（2）列、表 4-6 第（7）列相对比，将表 4-1 第（3）列与表 4-4 第（1）至（4）列、表 4-7 第（1）列相对比，将表 4-1 第（5）列与表 4-4 第（5）至（8）列、表 4-7 第（2）列相对比，可以发现，无论是直接对非农就业的影响还是对非农生产总值或出口占地区 GDP 比重的影响，数字化为实际生产过程本身的直接赋能产生的产业互联网的系数都是最大的，说明相较于消费的数字化和治理的数字化，直接生产过程本身的数字化更加具有决定意义，是就业创造效应的基础，符合直觉，具有很强的经济学含义。

正如本书在第 3 章理论模型构建部分所得出的结论，数据要素还能通过提高劳动生产率从而促进非农就业。江小涓（2017）指出，互联网技术支持的远程教育、医疗、视频会议等提高了服务业生产率，因而有助于就业。因此，在完成了从社会化再生产过程角度对数字经济的非农就业创造效应的分析后，下面利用数据从劳动者自身角度实证检验数字经济是否可以通过提高劳动生产率，使农村劳动力更好地满足数字经济时代的生产特点，从而促进其非农就业，加快城镇化的发展。

## 4.2  数字经济提高了劳动生产率

对于从事数字经济背景下的非农工作而言，劳动生产率的提高主要指的是劳动力具有良好的理解能力、沟通能力、团结协作能力等基本素质，可以很好地进行在线工作，满足数字经济对于线上工作的实时性、任务反馈的及时性等工作要求，从而促进数字经济背景下非农生产的发展。

在理论分析部分，本书通过将拓展的以弗兰克–拉姆齐模型为代表的新古典增长模型，与以加里·贝克尔等构建的代际收入流动分析框架为基础的两期就业流动模型相结合，发现数据要素可以通过提高人力资本、社会资本等渠道提高劳动生产率，使劳动力更加符合数字经济背景下非农生产对劳动力素质的要求，促进非农就业。从现实看也是如此。作为数字经济的关键生产要素的数字化知识和信息，可以为劳动力提供更加便捷的在线学习方式，海量的网络信息资源，畅通的人际交流模式，因此有助于提高劳动力的人力资本和社会资本，提高其劳动生产率，进而促进其非农就业。正如泰普斯科特（Tapscott，1995）在《数字经济：网络智能时代的机遇和风险》中提到的，数字经济将使个人得到重塑。表 4-9 证明了这个过程：表 4-9 第（1）列和第（3）列表明数字经济的发展，提高了以劳动力综合能力[①]为代表的人力资本，和以劳动力的待人接物水平[②]为代表的社会资本，表 4-9 第（2）列和第（4）列进一步表明劳动力人力资本和社会资本的提高有助于非农就业，符合直觉。由于人力资本和社会资本的提高有利于提高劳动生产率，因此表 4-9

---

① CFPS 对受访者的阅读理解能力、语言表达能力、普通话水平等代表受访者人力资本状况的典型变量进行了评分，本书将这些变量的均值称作劳动者的综合能力，以之作为受访者人力资本状况的代理变量。

② CFPS 对受访者的待人接物水平进行了评分，本书将其作为受访者社会资本状况的代理变量。

表明，数字经济的确有助于提高劳动生产率，从而促进非农就业①。那么，数字经济为什么可以提高劳动力的人力资本、社会资本，与数字经济本身的特点密不可分。本书从数字经济的特点出发，通过分析这些特点对劳动力的人力资本、社会资本产生的作用，更加深入地理解数字经济通过提高劳动生产率从而促进劳动力非农就业的深层原因。

表 4-9　数字经济提高了劳动生产率

| 被解释变量 | （1） | （2） | （3） | （4） |
|---|---|---|---|---|
| | 人力资本 | 是否从事非农工作 | 社会资本 | 是否从事非农工作 |
| DID | 0.234 * | — | 0.237 ** | — |
| | （0.139） | — | （0.114） | — |
| 人力资本 | — | 0.008 * | — | — |
| | — | （0.005） | — | — |
| 社会资本 | — | — | — | 0.007 * |
| | — | — | — | （0.004） |
| 个体特征 | 是 | 是 | 是 | 是 |
| 家庭特征 | 是 | 是 | 是 | 是 |
| 地区特征 | 是 | 是 | 是 | 是 |
| 个体固定效应 | 是 | 是 | 是 | 是 |
| 时间固定效应 | 是 | 是 | 是 | 是 |
| 观测数 | 29 367 | 22 759 | 31 867 | 22 462 |
| $R^2$ | 0.051 | 0.211 | 0.034 | 0.230 |

## 4.2.1　交易成本降低效应

规模经济、平台经济、共享经济等是数字经济时代典型的经济特点或经济组织形式。规模经济可以有效降低信息获取成本，从而可以促进劳动力利用低廉的信息资源提升自身人力资本、社会资本。平台通过信息流将供需双

---

① 由于很难利用微观个体数据准确地衡量劳动生产率，而劳动力的人力资本和社会资本的提升显然有助于劳动生产率的提升，因此本书粗略地将数字经济对人力资本和社会资本的促进作用视作数字经济对劳动生产率的促进作用。

方（厂商和消费者，形成供需关系的上下游企业）紧紧联系在一起，既有利于供给方根据需求方的需求、信用、过往交易等信息，提供更能满足需求方个性化需求的产品和服务，又有利于需求方充分比较不同供给方的产品、商家资质等信息，从而方便地从备选集中选出最符合自身需求的产品或服务。由于这些过程都可以借助于数据挖掘、数据分析、信息通信等技术实现，免去烦琐的线下搜集信息、讨价还价、协商决策、监督等成本，即降低了交易成本，使得交易可以快速达成，便利了劳动者的出行、生活、工作等经济活动。这意味着数字经济时代的规模经济、平台经济等特点促进了整个社会的网络化，降低了多种经济活动的交易成本。如果一些经济活动恰好是促进非农就业的重要活动，那么数字经济便可以通过降低这些经济活动的交易成本促进非农就业。

### 4.2.1.1   信息获取成本

在数字经济快速发展之前，除了技术因素导致的"信息孤岛"效应外，出于对获取垄断利润等方面的考量，大量信息掌握在信息所有者手中，信息的获取成本高昂，因而信息无法在市场上大量流通以释放出数据和信息所蕴含的强大生产力效应，导致相较于信息爆炸的今天，"信息孤岛"下的社会经济发展以及就业增长速度迟缓。随着网络基础设施的逐渐完善，信息的获取成本逐渐降低，因此劳动者获得了海量的学习资源，可以通过在线学习的方式获得更多专业技能、人际交往等方面的知识，有助于提高其人力资本和社会资本，从而提高劳动生产率，促进非农就业。

表4-10展示了数字经济通过降低信息获取成本从而促进非农就业的过程。基于信息产品的特点，即在网络效应[①]的作用下，信息产品被消费的过程，同时也是更广阔的网络规模、用户规模产生的过程，甚至可以促进网络规模的指数级增长，由此产生了规模经济效应[②]。例如，随着用户规模的不断扩大，数字化的文字、图片、视频等资源可以以几乎为零的边际成本大量复

---

① 网络效应是指产品价值随购买这种产品及其兼容产品的消费者的数量增加而增加。例如，如果其他人都不使用微信，那么开发微信是没有价值的，只有使用微信的人增多了，微信的价值才会越来越大。

② 规模经济效应指随着企业的产量不断扩大，企业的平均成本不断下降的现象。

制，可以进一步促进用户规模扩大。因此，如果在数字经济作用下，网络用户规模不断增加，便可被视作数字经济的规模经济效应的形成。表4-10第（1）列显示，数字经济的确促进了宽带接入用户数（按人口规模加权）的增加，即数字经济促进了规模经济效应的形成。第（2）列表明规模经济效应可以促进非农就业。第（3）（4）列进一步说明了规模经济效应促进非农就业的原因：规模经济效应意味着加入网络的用户规模增加了，因此可以摊薄网络信息产品本身的成本，对于消费者而言，意味着以通信成本为代表的信息获取成本的降低，信息获取成本的降低有助于劳动者尤其是受到收入约束的农村劳动者在线学习更多知识，提高人力资本和社会资本，促进劳动生产率的提高和非农就业的发展。

表 4-10　数字经济的信息获取成本降低效应

| 被解释变量 | （1）宽带接入用户数（按人口规模加权） | （2）是否从事非农工作 | （3）通信支出占消费总支出的比重 | （4）是否从事非农工作 | （5）电信业务量（按人口规模加权） | （6）是否从事非农工作 | （7）通信支出占消费总支出的比重 |
|---|---|---|---|---|---|---|---|
| DID | 0.214** (0.101) | — — | — — | — — | 0.223* (0.130) | — — | — — |
| 宽带接入用户数（人口规模加权） | — — | 0.066** (0.026) | -0.001** (0.000) | — — | — — | — — | — — |
| 电信业务量（人口规模加权） | — — | — — | — — | — — | — — | 0.086*** (0.016) | -0.000* (0.000) |
| 通信支出占消费总支出比重 | — — | — — | — — | -1.226* (0.712) | — — | — — | — — |
| 个体特征 | 否 | 是 | 是 | 是 | 否 | 是 | 是 |
| 家庭特征 | 否 | 是 | 是 | 是 | 否 | 是 | 是 |
| 地区特征 | 是 | 是 | 是 | 是 | 是 | 是 | 是 |
| 个体固定效应 | 否 | 是 | 是 | 是 | 否 | 是 | 是 |
| 时间固定效应 | 是 | 是 | 是 | 是 | 是 | 是 | 是 |
| 地区固定效应 | 是 | 否 | 否 | 否 | 是 | 否 | 否 |

续表

| 被解释变量 | （1）<br>宽带接入<br>用户数<br>（按人口<br>规模加权） | （2）<br>是否从事<br>非农工作 | （3）<br>通信支出<br>占消费总<br>支出的比重 | （4）<br>是否从事<br>非农工作 | （5）<br>电信业务量<br>（按人口<br>规模加权） | （6）<br>是否从事<br>非农工作 | （7）<br>通信支出<br>占消费总<br>支出的比重 |
|---|---|---|---|---|---|---|---|
| 观测数 | 418 | 32 640 | 28 579 | 25 872 | 419 | 32 640 | 28 579 |
| $R^2$ | 0.303 | 0.222 | 0.006 | 0.226 | 0.098 | 0.221 | 0.005 |

为增强这一逻辑的稳健性，本书又以数字经济对电信业务量的促进作用代表数字经济的规模经济效应。从表4-10第（5）列可以看出，数字经济显著提高了电信业务量，因此促进了规模经济效应的形成。第（6）列表明以电信业务量的增加为代表的规模经济效应同样促进了非农就业。将表4-10第（7）列和第（4）列相结合，则可以进一步看出以电信业务量的增加为代表的规模经济效应可以降低以通信支出占消费总支出的比重为代表的信息获取成本，从而促进非农就业。

以上分析可以简单概括为：数字经济时代规模经济效应的发挥降低了信息获取成本，因此促进了劳动生产率的提高，最终促进了非农就业。这一过程可以视作数字经济的信息获取成本降低效应对非农就业的作用。如图4-6所示。

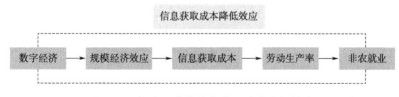

图4-6 数字经济的信息获取成本降低效应

### 4.2.1.2 议价成本

议价成本（契约成本）指借助于平台，供需双方的信息得以公开、透明地呈现于平台之上，商家可以看到消费者以往的购买记录、搜索轨迹、资质状况等信息，消费者能更清晰地看到产品或服务的细节，甚至可以方便地将不同商家的产品或服务进行对比，以获取最符合自己需求的产品。并且，所有的报价、询价、订单填写、发货等都是通过电子化操作实现的，降低了达成交易需要的成本。显然，凭借在数字技术基础上的运作，平台经济在降低议价成本方面发挥了重要作用。那么，以平台经济为主要特点的各种数字经济形式自然可以有效降低议价成本。如果数字经济能够降低有助于农村劳动力非农就业的经济活动中存在的议价成本，那么数字经济便可以通过提高农村劳动力经济活动的效率，缓解收入约束，从而提高其劳动生产率，促进其非农就业。那么，哪些活动有助于农村劳动力非农就业，对处于就业市场相对劣势地位的农村劳动力而言，便捷的通勤方式、较轻的家务负担显然有助于其非农就业。

（1）数字经济降低通勤成本。对于有意向进城工作的农村劳动力而言，由于收入水平相对较低，他们在选择居住地时往往会选择距离工作地较远的地方，甚至不会进城租房或买房，而是白天在城市工作，晚上回到农村休息。此时，通勤的时间成本和物质成本（即用于交通的支出）的降低显然有助于其从事非农工作。

数字经济为降低通勤的时间成本和物质成本提供了可能。例如，作为平台经济在交通领域重要体现的网约车和共享单车，一方面，在平台的作用下，网约车和共享单车可以实现用车需求与车辆供给的快速匹配，减少了招手即停的打车方式，以及在"最后一公里"需要重新寻找"蹦蹦车"等非正规交通工具等传统交通方式，降低了通勤的时间成本。此外，借助于以数字技术为依托的电子导航，通勤的时间成本被更加降低。另一方面，车辆的需求方还可以在平台上充分比较不同车型的价格等信息，有利于降低通勤的物质成本。因此，从现实看，数字经济能够降低以通勤的时间成本和物质成本为代表的交通方面的议价成本。交通方面议价成本的降低既能使劳动力拥有更多工作时间，又可以缓解收入约束，显然有助于提高劳动力对自身人力资本、社会资本等方面的投资，提高劳动生产率，促进非农就业。

CFPS询问了劳动力的"上下班单程时间"以及"每月交通费"，如果分别将两个变量视作通勤时间成本和通勤物质成本，那么两个变量便为本书的实证检验提供了数据支持。表 4-11 第（1）列和第（3）列表明，数字经济显著缩短了农村劳动力的上下班单程时间，以及降低了其交通费占总消费支出的比重，第（2）列和第（4）列表明上下班单程时间的缩短，以及交通费占总消费支出比重的降低有助于非农就业，即数字经济同时降低了通勤的时间成本和物质成本，因而促进了农村劳动力非农就业，证实了数字经济可以通过充分发挥平台经济效应，降低交通方面的议价成本，从而促进非农就业这一机制。

表 4-11　数字经济的议价成本降低效应（降低通勤成本）

| 被解释变量 | (1) 上下班单程时间 | (2) 是否从事非农工作 | (3) 交通支出占总消费支出的比重 | (4) 是否从事非农工作 |
|---|---|---|---|---|
| DID | -0.076* (0.045) | — — | -0.010* (0.006) | — — |
| 上下班单程时间 | — — | -0.017* (0.010) | — — | — — |
| 交通支出占总消费支出的比重 | — — | — — | — — | -0.086* (0.044) |
| 个体特征 | 否 | 否 | 否 | 否 |
| 家庭特征 | 否 | 否 | 否 | 否 |
| 地区特征 | 是 | 是 | 是 | 是 |
| 个体固定效应 | 否 | 否 | 否 | 否 |
| 时间固定效应 | 是 | 是 | 是 | 是 |
| 观测数 | 8 462 | 6 912 | 28 530 | 21 585 |
| $R^2$ | 0.007 | 0.021 | 0.019 | 0.254 |

（2）数字经济降低家务成本。相较于过去的经济形态，数字经济时代的非农工作更加灵活、碎片，对于工作时间的及时性、实时性要求更高，例如，在线客服需要快速回答客户问题，网络工程师需要及时处理系统故障，外卖员需要在规定时间内完成配送，快递员甚至深夜还在分拣快递。这些

基于互联网和数字化思维的新职业和新的就业形式弱化了就业的时空限制，工作内容更具弹性、更加灵活，总工作时间也在无形中被延长，意味着劳动力需要优化自身的时间配置以符合数字经济时代非农工作的需要。根据家庭经济学的相关理论，个人时间可以分为市场工作时间、家庭工作时间、闲暇时间。如果数字经济能够减少农村劳动力用于家庭工作和闲暇的时间，那么他们便可以拥有更多时间用于市场工作，促进其非农就业。数字经济恰好可以为减少家务劳动时间提供可能。作为平台经济在生活方面重要体现的生活服务类平台，例如，美团买菜、京东到家、无忧保姆家政等，在平台的作用下，一方面，生活服务类平台可以实现减轻家务负担的需求信息与减轻家务负担的商品或服务供给信息的快速匹配，减少了烦琐的线下买菜、买日用品、寻找家政服务人员等时间成本；另一方面，减轻家务负担的需求方还可以在平台上充分比较不同供给方的价格，有利于降低议价成本，可以在一定程度上减轻劳动者的家务负担，缩短用于家务劳动的时间，从而相对提高市场工作的时间。表4-12第（1）（2）列证明了本文的推断，可以看出，数字经济显著减少了农村劳动力的家务劳动时间；轻微减少了闲暇时间，但影响不显著。表4-12第（3）列进一步证明了数字经济显著提高了工作时间与闲暇和做家务时间均值的比值，即提高了劳动者的时间配置效率。表4-12第（4）列说明，工作时间的相对增加显著促进了农村劳动力从事非农工作。表4-12初步证明了数字经济可以通过充分发挥平台经济效应，降低家务方面的议价成本，缩短家务时间，从而相对增加工作时间，促进非农就业这一机制。

表4-12　数字经济的议价成本降低效应（降低家务成本）

| 被解释变量 | (1) | (2) | (3) | (4) |
| --- | --- | --- | --- | --- |
| | 做家务时间 | 闲暇时间 | 工作时间/闲暇和做家务时间均值 | 是否从事非农工作 |
| DID | -0.266* | -0.238 | 0.046* | — |
| | (0.156) | (0.265) | (0.026) | — |
| 工作时间/闲暇与家务时间均值 | — | — | — | 0.370*** |
| | — | — | — | (0.051) |

续表

| 被解释变量 | （1）<br>做家务时间 | （2）<br>闲暇时间 | （3）<br>工作时间/闲暇和<br>做家务时间均值 | （4）<br>是否从事<br>非农工作 |
|---|---|---|---|---|
| 个体特征 | 是 | 是 | 是 | 是 |
| 家庭特征 | 是 | 是 | 是 | 是 |
| 地区特征 | 是 | 是 | 是 | 是 |
| 个体固定效应 | 是 | 是 | 是 | 是 |
| 时间固定效应 | 是 | 是 | 是 | 是 |
| 观测数 | 13 368 | 31 554 | 14 717 | 16 351 |
| $R^2$ | 0.135 | 0.313 | 0.008 | 0.108 |

　　基于传统的女性角色，相对于男性，家庭因素对女性就业具有更重要的影响，使得时间的灵活性和空间的短距化成为女性择业时的重要考虑因素（毛宇飞和曾湘泉，2017；邹红等，2018），例如，家务时间会显著影响女性的工作时间，甚至是造成劳动力市场性别歧视的重要原因，因此家务时间的缩短对女性非农就业而言尤为重要。如果数字经济可以通过减少农村劳动者的家务时间从而促进非农就业，那么对于女性农村劳动力群体的促进作用应该大于男性。从现实看，数字经济似乎更加有助于促进女性非农就业。例如，尽管2018年的CFPS数据显示，2017年从事非农工作的女性比例仍然低于男性，但相较于2009年，从事非农工作的女性比例已经提高了5.0个百分点，高于男性从事非农工作比例的上升幅度，并且越来越多的女性从事着与数字经济相关的网店店主、网络主播和在线辅导老师等工作，可能与家务劳动时间的相对减少有一定关系。

　　在现实的基础上，本书分别在女性群体和男性群体中检验数字经济对家务成本的降低效应，以加强数字经济通过降低家务方面的议价成本，缩短家务时间，从而促进非农就业机制的稳健性。表4-13第（1）至（6）列表明，相对于男性，数字经济显著减少了女性的家务时间、闲暇时间，相对提高了女性的工作时间与闲暇和做家务时间均值的比值。尽管表4-13第（7）（8）列似乎表明工作时间与闲暇和做家务时间均值的比值更加促进了男性从事非农工作，但是由于女性和男性从事非农就业的均值有所差异，因此，本书将表4-13各列的系数按照各群体相应的均值进行了折算，从核心解释变量对相应群体的相应被解释变量的相对影响角度进行对比分析。从表4-13的最后一行可以看出，第（1）至（6）列表明，数字经济对做家务时间、闲暇时间，以及工作时间与闲暇和做家务时间均值的比值的相对影响，仍然呈现出女性群体大于男性群体的规律。第（7）（8）列表明，尽管从绝对影响的角度，工作时间与闲暇和做家务时间均值的比值更加促进了男性从事非农工作，但是从相对影响的角度，工作时间与闲暇和做家务时间均值的比值更加促进了女性从事非农就业，有利于缩小男性和女性在从事非农工作概率方面的差异。总而言之，表4-13表明数字经济通过降低农村劳动者的家务成本，从而促进非农就业机制主要体现在女性群体，符合直觉，强化了这一机制的稳健性。

**表4-13　数字经济的议价成本降低效应的性别异质性（降低家务成本）**

| 被解释变量 | (1) | (2) | (3) | (4) | (5) | (6) | (7) | (8) |
|---|---|---|---|---|---|---|---|---|
| | 做家务时间 | | 闲暇时间 | | 工作时间/闲暇和做家务时间均值 | | 是否从事非农工作 | |
| | 女 | 男 | 女 | 男 | 女 | 男 | 女 | 男 |
| DID | -0.776 ** | -0.313 ** | -0.401 | -0.100 | 0.076 | 0.043 | — | — |
| | (0.376) | (0.150) | (0.318) | (0.281) | (0.049) | (0.027) | — | — |
| 工作时间/闲暇、家务时间 | — | — | — | — | — | — | 0.364 *** | 0.392 *** |
| | — | — | — | — | — | — | (0.084) | (0.053) |
| 利用网络工作的频率 | — | — | — | — | — | — | — | — |
| 个体特征 | 是 | 是 | 是 | 是 | 是 | 是 | 是 | 是 |
| 家庭特征 | 是 | 是 | 是 | 是 | 是 | 是 | 是 | 是 |
| 地区特征 | 是 | 是 | 是 | 是 | 是 | 是 | 是 | 是 |
| 个体固定效应 | 是 | 是 | 是 | 是 | 是 | 是 | 是 | 是 |
| 时间固定效应 | 是 | 是 | 是 | 是 | 是 | 是 | 是 | 是 |
| 观测数 | 5 614 | 7 754 | 14 229 | 17 325 | 7 018 | 7 699 | 7 827 | 8 524 |

续表

| 被解释变量 | （1） | （2） | （3） | （4） | （5） | （6） | （7） | （8） |
| --- | --- | --- | --- | --- | --- | --- | --- | --- |
| | 做家务时间 | | 闲暇时间 | | 工作时间/闲暇和做家务时间均值 | | 是否从事非农工作 | |
| | 女 | 男 | 女 | 男 | 女 | 男 | 女 | 男 |
| $R^2$ | 0.219 | 0.142 | 0.225 | 0.373 | 0.028 | 0.015 | 0.086 | 0.149 |
| 相对于均值的作用 | −0.282 | −0.215 | −0.077 | −0.020 | 0.455 | 0.246 | 0.682 | 0.638 |

表 4-12 和表 4-13 的所有结果证实了数字经济可以通过发挥平台经济等经济组织形式的作用，降低生活成本方面的议价成本，从而促进农村劳动力非农就业机制。结合表 4-11 的分析，本书证实了数字经济可以降低农村劳动力在交通、生活方面的议价成本，而节省的交通时间、交通支出、家务时间等显然有助于劳动者将更多时间和收入投入更具生产力的活动中，如进行学习、培训、社交、工作等，为提高自身人力资本、社会资本进行"充电"，即通过提高时间配置效率提高劳动生产率，从而促进非农就业。以上分析可以概括为：数字经济时代平台经济效应的发挥降低了议价成本，因此有助于提高劳动生产率，促进非农就业。这一过程可以视作数字经济的议价成本降低效应对非农就业的作用。如图 4-7 所示。

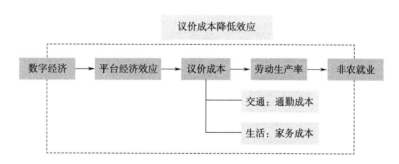

**图 4-7　数字经济的议价成本降低效应**

### 4.2.1.3　协商与决策成本

如果对交易成本的概念进行拓展，将企业劳动者之间进行沟通、协商、合作、决策等成本视作为达成工作目标所需的"交易成本"，那么作为数字经济在办公领域体现的远程办公方式，例如，腾讯会议、钉钉、微信等平台，可以使劳动者的工作突破工作场所以及时间的限制，促进劳动者之间随时随地进行意见交换和互相学习，减少了不必要的时间浪费，这均有利于提高劳动者的人力资本和社会资本，进而提高劳动生产率。意味着数字经济可以通过降低交易成本中的协商与决策成本，提高劳动生产率，从而促进非农就业。表4-14第（1）列表明数字经济显著提高了劳动力利用网络工作的频率，第（2）列表明网络工作频率的增加，显著促进了非农就业，证实了数字经济通过降低协商与决策成本从而促进非农就业机制。

表 4-14　数字经济的协商与决策成本降低效应

| 被解释变量 | (1) | (2) |
|---|---|---|
| | 利用网络工作的频率 | 是否从事非农工作 |
| DID | 0.084* | — |
| | (0.050) | — |
| 利用网络工作的频率 | — | 0.027*** |
| | — | (0.002) |
| 个体特征 | 是 | 是 |
| 家庭特征 | 是 | 是 |
| 地区特征 | 是 | 是 |
| 个体固定效应 | 是 | 是 |
| 时间固定效应 | 是 | 是 |
| 观测数 | 34 654 | 35 433 |
| $R^2$ | 0.109 | 0.229 |

以上分析可以概括为：数字经济时代平台经济效应的发挥降低了协商与决策成本，从而有利于提高劳动生产率，促进非农就业。这一过程可以视作数字经济的协商与决策成本降低效应对非农就业的作用。如图4-8所示。

根据以上分析，通过降低信息获取成本、议价成本、协商与决策成本，数字经济有效降低了信息搜寻成本、通勤成本、家务成本、工作过程的成本等，有助于降低农村劳动力非农就业活动中的交易成本，显著提升了个人人力资本和社会资本，因此有助于提高劳动生产率，促进其非农就业。

图 4-8　数字经济的协商与决策成本降低效应

数字经济对以上各种交易成本的降低效应是数字经济的发展在客观上带来的经济效果，基于客观经济效果，劳动力的人力资本和社会资本得到了优化。此外，从主观角度看，劳动力自身能抓住数字经济时代经济生活的新特点、新动向、新要求，主动提升自身人力资本和社会资本，从而提高劳动生产率，促进非农就业。

## 4.2.2　示范效应

在信息封闭时代，由于信息的相对隔绝，城乡居民之间在生活方式等方面存在较大差异。数字经济时代，信息突破时空限制进行高速传播，使得城市劳动力的消费习惯、投资理念等可以借助互联网广泛传播，对农村劳动力形成示范效应，带动农村劳动力的消费习惯、投资理念等逐渐向城市劳动力靠拢，逐渐增加对自身的教育、文化和医疗等方面的投资。这些投资显然能够改善农村劳动力的人力资本和社会资本，提高其劳动生产率，进而促进其非农就业。CFPS 对受访者的消费结构进行了调查，为了与前文保持一致，此处仍然借鉴杜丹清（2017）、唐琦等（2018）的做法，将农村劳动力在教育、文化和医疗等方面支出份额的增加视作农村消费结构的升级[①]。从表 4-15 第（1）列可以看出，数字经济的确显著提高了农村劳动力在教育、文化、医疗等方面的消费比重，即数字经济发挥了示范效应。示范效应的发挥、消费结构的升级意味着农村劳动力消费了更多有助于提升自身人力资本、社会资本的产品，不再仅是衣食住行等维持基本生活需要的产品，显然能够提高其劳

---

①　本书在第 4 章的 4.2.2 节讨论的消费结构是从微观角度出发的，对每位劳动者定义的劳动力自身所拥有的消费结构，此处讨论的消费结构是从宏观层面所有农村劳动力整体的消费结构，目的是以农村劳动力整体消费结构的提升反映城市劳动力整体的消费习惯、投资理念等对农村劳动力消费结构的示范效应，本书将数字经济促进农村劳动力消费结构的提升视作数字经济示范效应的发挥。

动生产率，促进其非农就业。表4-15第（2）列表明。农村消费结构的升级显著促进了非农就业；第（3）（4）列进一步解释了为什么农村消费结构的升级能够促进非农就业。可以看出，农村消费结构的升级显著提高了农村劳动力进行自我"充电"的意识，劳动力利用互联网学习的频率显著超过了利用互联网娱乐的频率。利用互联网学习的频率越高，越能提高农村劳动力的劳动生产率，促进其非农就业。结合表4-10检验的通信成本的下降对非农就业的促进作用，本书发现，当网络使用成本下降的时候，表4-15所示的互联网资源的合理高质量使用，即更多地利用互联网进行学习而非娱乐对于非农就业的促进作用更大。

表4-15  数字经济的示范效应

| 被解释变量 | （1）农村消费结构升级 | （2）是否从事非农工作 | （3）网络学习频率/网络娱乐频率 | （4）是否从事非农工作 |
|---|---|---|---|---|
| DID | 0.004 *<br>（0.002） | — <br>— | — <br>— | — <br>— |
| 农村消费结构升级 | — <br>— | 0.258 *<br>（0.153） | 2.430 **<br>（1.063） | — <br>— |
| 网络学习频率/<br>网络娱乐频率 | — <br>— | — <br>— | — <br>— | 0.018 *<br>（0.011） |
| 个体特征 | 否 | 是 | 是 | 是 |
| 家庭特征 | 否 | 是 | 是 | 是 |
| 地区特征 | 是 | 是 | 是 | 是 |
| 个体固定效应 | 否 | 是 | 是 | 是 |
| 时间固定效应 | 是 | 是 | 是 | 是 |
| 地区固定效应 | 是 | 否 | 否 | 否 |
| 观测数 | 356 | 30 652 | 6 260 | 5 126 |
| $R^2$ | 0.814 | 0.181 | 0.037 | 0.062 |

以上结果具有很强的经济学含义。对于非农就业而言，数字经济从客观

角度促进通信成本的下降是基础，劳动者从主观角度对网络资源的利用方式则更为重要。从另一个角度，数字经济通过发挥示范效应，使得农村劳动力的生活方式、消费习惯等与城市户籍的劳动力更加接近，有利于拉近城乡劳动力的文化和心理距离，增强认同，促进社会融合，在促进职业方面的城镇化过程中，加快文化、心理、身份等方面的城镇化，实现推动我国城镇化发展由速度型向质量型转型。

以上本书从数字经济具有的典型特点入手，详细分析了数字经济能够提高劳动生产率的内在原因：一方面，基于数字经济所具有的规模经济效应、平台经济效应等典型特点，数字经济客观上降低了包括信息获取成本、议价成本、协商与决策成本在内的，有助于促进农村劳动力非农就业活动中的交易成本，使得农村劳动力可以获取更多的网络学习资源，利用网约车、共享单车等线上交通方式减少通勤的物质和时间成本，利用美团买菜、京东到家等线上生活方式节省用于家务劳动的时间，利用在线文件传输、在线视频等在线工作方式简化协商与决策的流程；另一方面，基于数字经济所具有的示范效应，数字经济能够促进农村劳动力的消费结构向城市居民趋近，从而促进农村劳动力增加对自身人力资本和社会资本的投资。数字经济背景下农村劳动力在学习、交通、生活、工作、消费结构等方面的新特点，均有助于提高农村劳动力的劳动生产率，使其更加满足非农工作对劳动力素质的要求，最终促进其非农就业。

## 4.3 本章小结

本章基于第 3 章理论分析以及理论模型构建得出的推论，分别从社会化再生产过程角度（对非农劳动力的需求角度）以及劳动者自身角度（非农劳动力供给角度），实证研究了数字经济促进非农就业（提高农村劳动力非农就业量），从而促进城镇化发展的作用机制。

（1）从社会化再生产过程角度看，首先，作为生产要素，数据要素通过直接为实际生产过程本身赋能，提高生产的智能化程度，促进以数字产业化和产业数字化为代表的产业互联网的形成，促进非农生产的增加，从而增加了对非农劳动力的需求，即数字经济通过产业互联网产生了就业创造效应。其次，数据要素还可以为消费端赋能，既可以借助于数字支付、数字信贷等工具，带来消费方式的数字化，促进消费互联网的形成，又可以基于数字技术所具有的信息快速传播、零复制成本、供需快速匹配等，优化消费结构，带来消费内容的数字化，提高消费互联网的质量。在促进消费互联网的形成和质量提高的过程中，数字经济加速了社会化再生产过程的完成，即数字经济通过消费互联网强化了就业创造效应。

最后，数据要素可以作用于管理与监督过程，通过加强人们对政府行为的监督，维护弱势群体的利益，改善生产关系，促进社会稳定，从而保障社会化再生产过程的顺利实现，即数字经济通过数字化治理保障了就业创造效应。

（2）从劳动者自身角度看，数字经济通过发挥规模经济效应、平台经济效应，从客观上降低有助于非农就业活动中的信息获取成本、议价成本、协商与决策成本等交易成本，通过发挥示范效应，促进农村劳动力从主观上优化消费结构，增加对自身人力资本和社会资本的投资，最终提高劳动生产率，促进其非农就业。所有过程均有效验证了本书在理论分析部分提出的，以及通过构建理论模型推导出的数字经济促进非农就业的机制，更加清晰地看出数字经济通过促进就业部门的转移从而促进新型城镇化发展的作用机制。值得注意的是，数字经济示范效应的发挥有助于缓解城镇化进程中农村劳动力面临的社会融合不足问题，以及由此带来的城市内部的二元结构问题，增强农村劳动力的城市生活适应性，加快市民化步伐，实现职业、收入、居住地、心理、身份等维度的新型城镇化，推动我国城镇化的高质量发展。在本章的最后，可以用图 4-9 概括数字经济促进非农就业从而促进城镇化发展的作用机制。

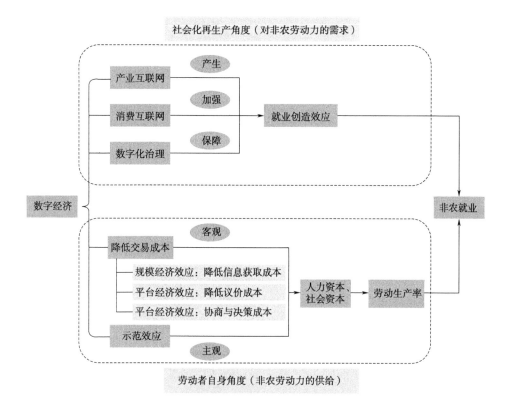

图 4-9　数字经济促进非农就业的作用机制

# 5 数字经济、非农就业与社会分工
## ——非农就业结构角度

如果数字经济仅是促进了原本具有地理位置、经济条件、技能结构等方面优势的个体从事非农工作，那么，本书所发现的数字经济对非农就业的促进作用将会产生马太效应，拉大城镇化过程中不同类型劳动力的收入差距，形成数字鸿沟①，即数字经济对非农就业的影响虽然在一定程度上缩小了城乡差距，但却会加剧农村户籍劳动力内部不同类型群体之间的社会地位分化。这不利于实现经济的包容性增长和共同富裕，甚至抑制经济持续健康发展的能力。并且，由于依据劳动力技能类型就业才能实现有效社会分工，改善就业结构，因而如果数字经济仅促进了某一技能类型的劳动力非农就业，那么不利于形成有效社会分工，且会恶化就业结构。因此对进一步深入研究数字经济对不同类型农村户籍劳动力从事非农工作的异质性影响提出了要求，以探讨数字经济在提高非农劳动参与率，加快城镇化进程的同时，能否更加促进弱势群体的非农劳动参与率，从而促进社会公平和包容性增长，改善就业结构。

什么样的增长才是包容性增长？学界解释不一，没有权威的定义。但是从已有文献的不同界定看，似乎认可"创造公平的更多的就业机会、为弱势群体增收解困、国民能够平等地分享经济发展成果"应当是包容性增长、促进共同富裕的内涵之一。中国最大的弱势群体是广大农民。根据 2020 年《中国统计年鉴》，40%的居民家庭月人均收入近 1 000 元。这个群体来自哪里？

---

① 邱泽奇等（2016）指出，广义上，数字鸿沟指给定社会中不同社会群体对互联网在可及（haves or not haves）和使用（use or not use）上的差异（Corrocher, 2002）。人们对"使用差异"有不同理解，围绕接入可及性差异或接入后的运用差异，目前呈现出对数字鸿沟认识的不同指向。前者指向一个国家的公共政策和基础设施供给，后者指向用户因互联网技术应用差异而产生的不平等。本书指的是数字技术的应用差异给不同群体的福利水平造成的差异性影响。

根据北京师范大学收入分配研究院做的抽样调查,月人均收入不足 1 000 元的群体 75.6% 来自农村;36.2% 来自中部,34.8% 来自西部。从受教育年限看,这个群体平均受教育年限为 9.05 年,其中,学历在小学及以下的人群占比为43.7%,文盲占比为 9.6%。从就业形式看,这个群体中非工资就业者占比高达 62.6%①。主要位于农村或中西部地区、文化水平不高、没有稳定的工作、收入水平低,是弱势群体的主要特征!因此,本书分别将位于西部地区、低收入水平或低技能劳动力视作相对贫困的弱势群体,通过探讨数字经济对东中西部、高中低收入以及高中低技能水平的劳动力在非农就业方面的差异性影响,研究数字经济能否促进农村劳动力中的弱势群体非农就业,带来包容性增长。

## 5.1 数字经济对农村劳动力群体非农就业的异质性影响

表 5-1 探讨了数字经济对位于东中西部不同区域的农村劳动力从事非农工作的异质性影响。可以看出,数字经济显著促进了西部地区农村劳动力从事非农工作,其次是东部地区,但作用不显著。因此,在区域层面,数字经济可以为西部地区的农村劳动力提供更多非农就业机会,有助于促进区域层面的包容性增长。

表 5-1 数字经济促进农村劳动力非农就业的区域异质性

| 被解释变量 是否从事非农行业 | (1) 西部 | (2) 中部 | (3) 东部 |
|---|---|---|---|
| DID | 0.056*** (0.018) | 0.004 (0.021) | 0.036 (0.028) |
| 个体特征 | 是 | 是 | 是 |
| 家庭特征 | 是 | 是 | 是 |
| 地区特征 | 是 | 是 | 是 |

---

① 万海远,孟凡强. 月收入不足千元,这 6 亿人都在哪 [EB/OL]. 财新网,2020-06-03.

续表

| 被解释变量 | （1） | （2） | （3） |
|---|---|---|---|
| 是否从事非农行业 | 西部 | 中部 | 东部 |
| 个体固定效应 | 是 | 是 | 是 |
| 时间固定效应 | 是 | 是 | 是 |
| 观测数 | 11 729 | 10 641 | 13 063 |
| $R^2$ | 0.314 | 0.265 | 0.154 |

表5-2探讨了数字经济对不同收入水平的农村劳动力从事非农工作的异质性影响。按照个人总收入，本书将所有样本划分为高、中、低收入三组，表5-2第（1）至（3）列展示了数字经济对位于不同收入组的劳动力非农就业的异质性影响。可以看出，数字经济显著促进了低收入劳动力从事非农工作，对中高收入群体的作用则不显著。为增强结论的稳健性，表5-2第（4）至（6）列又展示了以家庭总收入为分组依据，将样本划分为高、中、低收入三组后的分样本回归结果，仍然发现数字经济对非农就业的促进作用主要体现在低收入群体中。因此，在收入层面，数字经济可以为低收入的农村劳动力提供更多的非农就业机会，有助于促进不同收入群体层面的包容性增长。

表5-2　数字经济促进农村劳动力非农就业的收入异质性

| 被解释变量是否从事非农行业 | （1） | （2） | （3） | （4） | （5） | （6） |
|---|---|---|---|---|---|---|
| | 按照个人总收入划分 | | | 按照家庭总收入划分 | | |
| | 低收入 | 中收入 | 高收入 | 低收入 | 中收入 | 高收入 |
| DID | 0.043 ** | 0.073 | 0.029 | 0.042 ** | -0.031 | -0.004 |
| | (0.019) | (0.066) | (0.055) | (0.018) | (0.057) | (0.057) |
| 个体特征 | 是 | 是 | 是 | 是 | 是 | 是 |
| 家庭特征 | 是 | 是 | 是 | 是 | 是 | 是 |
| 地区特征 | 是 | 是 | 是 | 是 | 是 | 是 |
| 个体固定效应 | 是 | 是 | 是 | 是 | 是 | 是 |
| 时间固定效应 | 是 | 是 | 是 | 是 | 是 | 是 |
| 观测数 | 30 355 | 3 823 | 1 255 | 28 541 | 4 066 | 2 826 |
| $R^2$ | 0.239 | 0.169 | 0.157 | 0.238 | 0.323 | 0.219 |

以上结果具有很强的经济学含义，由于东中西部地区的分布大致与高中低收入的分布相吻合，并且教育回报率对收入水平具有高度解释力，因此可以将表5-1和表5-2的回归中得出的结论，归结为数字经济对非农就业的影响在高中低技能水平农村劳动力间的异质性。值得指出的是，传统的对高技能劳动力的界定是受教育年限在16年及以上，即至少完成本科教育（Acemoglu et al.，1998）。由于本书研究的是农村劳动力样本，受教育水平相对较低，受教育年限在16年及以上的样本量非常少。考虑到有一部分农村劳动力接受了大专教育，因此本书将农村劳动力中受教育年限在15年及以上（完成大专教育）的劳动力定义为高技能劳动力，并且借鉴奥托尔（Autor，2013）等以及吕世斌和张世伟（2015）的研究，将学历水平在高中及以上、大专以下的劳动力定义为中等技能劳动力，将学历水平在高中以下的劳动力定义为低技能劳动力。表5-3分析了在不同技能类型劳动力群体中的分样本估计结果。与表5-1和表5-2得出的结论相一致，数字经济对农村劳动力非农就业的促进作用，主要体现在低技能的农村劳动力群体中。

表5-3　数字经济促进农村劳动力非农就业的技能异质性

| 被解释变量<br>是否从事非农行业 | （1）<br>低技能劳动力 | （2）<br>中等技能劳动力 | （3）<br>高技能劳动力 |
|---|---|---|---|
| DID | 0.036** <br>(0.017) | 0.041 <br>(0.037) | 0.006 <br>(0.027) |
| 个体特征 | 是 | 是 | 是 |
| 家庭特征 | 是 | 是 | 是 |
| 地区特征 | 是 | 是 | 是 |
| 个体固定效应 | 是 | 是 | 是 |
| 时间固定效应 | 是 | 是 | 是 |
| 观测数 | 30 355 | 3 823 | 1 255 |
| $R^2$ | 0.239 | 0.169 | 0.157 |

从现实看，数字经济也有利于高技能农村劳动力从事非农工作，例如，与数字技术高度相关的算法工程师、数据分析师等工作需要劳动力具有较高

的技能，因此，对于不同技能的农村劳动力的非农就业活动，数字经济具有不同的作用，即数字经济或许可以根据数字经济背景下各行业发展对劳动力的实际需求，依据劳动力的技能水平实现更有效的社会分工，促使不同技能的农村劳动力进入与自身技能水平更匹配的非农行业工作。这显然有利于优化劳动力技能结构所影响的非农就业结构，提高非农就业的质量。例如，由于智能化、数字化、网络化是数字经济的典型特征，使得互联网公司快速发展，促进了数字产业化。这个过程一方面有利于大数据工程师、测试开发工程师、产品经理等高技能劳动力就业；另一方面也为网络主播、在线客服、快递员等低技能劳动力提供了广泛的就业机会。

数字经济也促进了传统的制造业和服务业的数字化转型，一方面，制造业企业可以通过使用以机器人为代表的人工智能技术进行数字化生产从而实现数字化转型；另一方面，餐饮业和交通运输业等服务业也可以利用饿了么、美团、网约车、共享单车等数字化平台进行数字化转型。在数字化转型过程中，前者可以增加对算法工程师等高技能劳动力的需求，后者则能够增加对外卖员、滴滴司机、共享单车维护人员等低技能劳动力的需求。可见，无论是通过数字产业化还是产业数字化，数字经济在促进农村劳动力由农业向非农行业流动时，均具有数字化偏向，且在不同技能水平的农村劳动力中存在行业特征上的异质性。在表 5-3 中没有观察到数字经济对高技能劳动力的促进作用，原因是没有对非农行业进行更为细致的划分。由于与数字经济相关的高精尖行业在所有非农行业中占比较小，使得从非农行业总体看，数字经济似乎并没有显著促进高技能劳动力非农就业。

## 5.2　数字经济促成有效社会分工的作用

通过研究数字经济能否促进不同技能水平的农村劳动力在城镇化过程中从事更加符合自身技能水平的非农工作，探讨数字经济是否具有依据劳动力的技能水平促进有效社会分工从而优化非农就业结构的作用①。直觉上，数字经济将有助于信息传输、计算机服务和软件业关联程度更高的行业发展，相应的，这些行业的劳动力需求增加。为此，本书通过以下两个途径识别数字化非农行业：首先，借助2017年全国投入产出表找出与信息传输、计算机服务和软件业关联大的行业（通过计算完全消耗系数实现）；其次，依据奥托尔等（Autor et al，2013）的方法补充那些需要更强的操作能力，以及复杂的管理和抽象思维能力的行业。定义两类行业为数字化非农行业，其余行业为传统非农行业。接着，本书利用CFPS中报告的个人所从事的行业编码，将样本按照两类行业进行划分。

表5-4第（1）（2）列②报告了数字经济背景下，农村劳动力向两类非农行业转移程度的估算结果。与预期相一致，数字经济主要促进了农村劳动力向数字化非农行业转移，向传统非农行业转移的估计结果并不显著，显然与数字经济本身主要带动了数字化非农行业的发展有关。表5-4第（3）至（5）列展示了将样本限制在从事农业以及数字化非农行业的农村劳动力中，并依据技能异质性进行的子样本回归结果。可以发现，数字经济仍然主要促进了农村低技能劳动力由农业向数字化非农行业流动。因此，在农村劳动力从农业转向非农行业，特别是转向数字化非农行业的过程中，数字经济发挥了重要的促进作用，尤其是对于那些低技能劳动力而言。

这个结果具有很强的经济学含义，说明中国的数字经济发展并没有带来因数字鸿沟引起的"权力转移"和贫富差距的分化（托夫勒，2018），农村劳动力尤其是低技能劳动力也能够从数字经济的发展中获益。

---

① 本书中的"有效社会分工"指的是劳动力资源配置效率的提高，即各种技能类型的劳动力在参与社会分工时，均能从事与自身技能结构相匹配的工作，实现人尽其能，从而优化就业结构，改善就业质量。

② 表5-4第（1）（2）列的样本量之和大于农村户籍的样本量，是因为两列的样本均包含了从事农业生产的农村劳动力作为对照组，因此样本量有重叠。

表 5-4  数字经济促进农村劳动力非农就业的行业异质性

| 被解释变量 是否从事不同类型 的非农行业 | (1) | (2) | (3) | (4) | (5) |
|---|---|---|---|---|---|
| | 所有技能类型的 农村劳动力 | | 低技能劳动力 | 中等技能劳动力 | 高技能劳动力 |
| | 是否从事传统 非农行业 | 是否从事数字 化非农行业 | 是否从事数字 化非农行业 | 是否从事数字 化非农行业 | 是否从事数字 化非农行业 |
| DID | -0.013* | 0.043*** | 0.044*** | 0.033 | 0.006 |
| | (0.008) | (0.016) | (0.016) | (0.039) | (0.028) |
| 个体特征 | 是 | 是 | 是 | 是 | 是 |
| 家庭特征 | 是 | 是 | 是 | 是 | 是 |
| 地区特征 | 是 | 是 | 是 | 是 | 是 |
| 个体固定效应 | 是 | 是 | 是 | 是 | 是 |
| 时间固定效应 | 是 | 是 | 是 | 是 | 是 |
| 观测数 | 21 372 | 32 899 | 28 461 | 3 343 | 1 095 |
| $R^2$ | 0.068 | 0.281 | 0.300 | 0.213 | 0.140 |

本书进一步关心在数字经济发展推动的城镇化过程中，部分低技能劳动力主要从事的数字化非农工作类型。为此，借鉴大卫·奥托尔等的划分方法，根据不同行业所需的劳动力技能水平的不同，将数字化非农行业进一步划分为低技能偏向的数字化非农行业和高技能偏向的数字化非农行业。不难想象，数字经济或许主要促进了低技能劳动力从农业部门转向低技能偏向的数字化非农行业（见表 5-5）。正如前面所言，数字经济发展一方面通过数字产业化，为网络主播、在线客服、快递员等低技能劳动力提供了广泛的就业机会；另一方面通过产业数字化，增加了对外卖员、滴滴司机、共享单车维护人员等低技能劳动力的需求。这些发现再次说明了数字经济发展具有包容性特征（张勋等，2019）。

表5-5  数字经济与低技能偏向的数字化非农就业

| 被解释变量<br>是否从事低技<br>能偏向的数字化非农行业 | (1)<br>农村低技能劳动力 | (2)<br>农村中等技能劳动力 | (3)<br>农村高技能劳动力 |
|---|---|---|---|
| DID | 0.038***<br>(0.014) | 0.022<br>(0.046) | 0.027<br>(0.027) |
| 个体特征 | 是 | 是 | 是 |
| 家庭特征 | 是 | 是 | 是 |
| 地区特征 | 是 | 是 | 是 |
| 个体固定效应 | 是 | 是 | 是 |
| 时间固定效应 | 是 | 是 | 是 |
| 观测数 | 26 706 | 2 606 | 553 |
| $R^2$ | 0.323 | 0.272 | 0.035 |

研究发现，数字经济发展对城镇化进程的主要影响，体现在数字经济推动了农村低技能劳动力从农业部门迁移至低技能偏向的数字化非农行业就业。数字经济并没有促进中等技能和高技能劳动力从农业部门转向低技能偏向的数字化非农行业。原因在于，大部分中高技能的农村劳动力在完成学业之后，已进入传统的非农行业或数字经济发展初期的低技能偏向的数字化非农行业就业，并且在数字经济发展的浪潮中，这部分劳动力由于更容易掌握数字技术，更可能向高技能偏向的数字化非农行业转型，如成为大数据工程师、算法工程师和产品经理等。因此，在数字经济发展过程中，中高技能的农村劳动力的就业决策，实质上已经脱离了由农业向非农行业的转换，更多地体现为由传统非农行业或低技能偏向的数字化非农行业向高技能偏向的数字化非农行业的转型。表5-6展示了数字经济对不同技能水平的农村劳动力，由传统非农行业或低技能偏向的数字化非农行业，向高技能偏向的数字化非农行业流动的影响，可以看出，数字经济主要带来了农村高技能劳动力的就业流动，但对中等技能和低技能劳动力的影响并不显著。

表 5-6 数字经济与高技能偏向的数字化非农就业

| 被解释变量<br>是否从事高技能偏向的数字化非农行业 | (1)<br>农村低技能劳动力 | (2)<br>农村中等技能劳动力 | (3)<br>农村高技能劳动力 |
|---|---|---|---|
| DID | −0.026<br>(0.021) | 0.027<br>(0.036) | 0.108*<br>(0.064) |
| 个体特征 | 是 | 是 | 是 |
| 家庭特征 | 是 | 是 | 是 |
| 地区特征 | 是 | 是 | 是 |
| 个体固定效应 | 是 | 是 | 是 |
| 时间固定效应 | 是 | 是 | 是 |
| 观测数 | 11 602 | 2 377 | 1 135 |
| $R^2$ | 0.014 | 0.047 | 0.044 |

通过研究数字经济对于不同类型的农村劳动力非农就业的异质性影响，得到三点结论：①对于农村低技能劳动力而言，数字经济发展推动了其由农业向非农行业流动，尤其是向低技能偏向的数字化非农行业流动；②对于农村高技能劳动力而言，数字经济发展推动了其由传统非农行业或低技能偏向的数字化非农行业，向高技能偏向的数字化非农行业流动；③数字经济同时推动了农村低技能和高技能劳动力的就业转型。

这些结论具有很强的经济学含义，即数字经济尽管可以被视为一种技术进步，但数字经济本身可能并不具备明显的技能偏向性。在数字经济促进就业的过程中，无论是推动数字产业化还是产业数字化，都有可能依据劳动力技能实现有效的社会分工。因此，数字经济不仅促进了非农就业数量的增加，加快了城镇化进程，更通过优化非农就业结构带来了非农就业质量的提升，提高了城镇化质量，促使不同技能的农村劳动力在数字经济时代找到更适合自身技能水平的非农工作，人尽其能，有助于提高劳动力资源的配置效率。

# 5.3　本章小结

在从整体上探讨了数字经济对促进非农就业（主要是提高农村劳动力非农就业量）从而促进新型城镇化建设作用的基础上，本章通过详细区分农村劳动力的技能类型以及非农工作的具体类型，证明了数字经济在促进城镇化过程中，对形成有效社会分工从而优化非农就业结构方面具有的促进作用：数字经济更加促进了农村低技能劳动力在城镇化过程中，从事低技能偏向的数字化非农行业，更加促进了农村高技能劳动力在城镇化过程中，从事高技能偏向的数字化非农行业，即数字经济在促进城镇化发展的过程中，依据农村劳动力的技能类型实现了有效的社会分工，优化了非农就业结构。

这一发现具有很强的社会意义：数字经济在促进非农就业数量增加的同时提高了非农就业质量，促进了劳动力资源的高效配置，有利于实现劳动力市场的帕累托最优。更重要的是，数字经济促进形成有效社会分工的作用，能够缩小城镇化过程中农村劳动力内部不同技能劳动力之间的数字鸿沟，提高城镇化发展的质量，促进经济的包容性增长。如果数字经济只是促进了原本就具有高技能劳动力从事非农工作，那么所发现的数字经济对非农就业的促进作用将会产生马太效应，拉大收入差距。如果数字经济对非农就业的影响仅提高了社会的经济效率，但却加剧了收入不平等，那么这个结果并不利于实现经济的包容性增长和共同富裕，不利于解决人民日益增长的美好生活需要和不平衡不充分发展之间的矛盾，将制约经济的持续健康发展能力。但本书发现，数字经济能够依据劳动力的技能类型实现有效的社会分工，既遵循了技能偏向性的技术进步对高技能劳动力的需求规律，促进数字经济发挥对效率的提高作用，又能够为低技能劳动力提供与其技能水平相契合的数字化非农就业机会，体现了数字经济对公平的促进作用。因此，数字经济在促进城镇化发展和提高农民收入水平的同时，兼顾了不同技能劳动力之间的就业机会差异，有利于城镇化建设乃至整个经济社会在平衡发展中实现更高水平的效率提升。

# 6 数字经济推动有效社会
分工形成的内在机制

第 5 章的研究表明，数字经济发展在提高非农就业量从而促进城镇化发展的过程中，能够依据劳动力技能实现有效的社会分工，同时推动农村低技能和高技能劳动力非农就业，优化非农就业结构。有效的社会分工可以使得"人尽其能"，使不同类型的人力资本均得到有效利用，兼顾城镇化甚至经济社会整体发展过程中的效率与公平，具有重要的社会价值。本书接下来将更加深入地探讨数字经济促成有效社会分工从而优化非农就业结构的具体作用机制。

在第 4 章，本书分别从社会化再生产过程以及劳动者自身角度，详细分析了数字经济促进所有农村劳动力（不区分技能类型）非农就业（提高农村劳动力非农就业量）从而促进城镇化发展的机制。尽管在从事的非农工作的具体类型上，数字经济对不同技能类型的农村劳动力的促进作用存在差异，但作为农村劳动力的子样本以及非农行业的子类型，从整体角度得出的数字经济促进非农就业的作用机制，对数字经济促进不同技能类型的农村劳动力从事不同类型的非农工作具有一定的解释力。当然，也必然存在一些特殊性才能促进依据技能类型的有效社会分工的产生，即在数字经济促进所有农村劳动力非农就业的机制中，一些机制可以用来解释数字经济对低技能劳动力在城镇化过程中，从事低技能偏向的数字化非农行业的促进作用；另外一些机制可以用来解释数字经济对高技能劳动力在城镇化过程中，从事高技能偏向的数字化非农行业的促进作用。下面本书对这一猜想进行详细研究。为了与第 4 章的分析逻辑保持一致，本章仍分别从社会化再生产过程角度以及劳动者自身角度（如劳动生产率角度）出发，研究数字经济在推动城镇化发展的过程中对于形成有效社会分工从而优化非农就业结构方面的作用机制。

# 6.1 社会化再生产过程

## 6.1.1 产业互联网对社会分工的机制作用

首先从数字技术对社会化再生产过程中实际生产过程本身的直接影响，分析数字经济在推动城镇化发展的过程中，产业互联网对促进有效社会分工从而优化非农就业结构方面具有的机制作用。产业互联网主要涉及数字技术在数据开发层（如数字产业化过程中数据的收集、整合、挖掘、分析、价值开发）或产品设计层（如产业数字化过程中互联网+金融、互联网+交通、互联网+教育等产品的设计）的生产性应用。不难想象，这一过程显然可以提高对机器人算法工程师和自动化生产线研发工程师等农村高技能劳动力的需求，推动农村高技能劳动力从传统非农行业，或低技能偏向的数字化非农行业向高技能偏向的数字化非农行业流动。由于产业互联网的发展对劳动力的技能水平要求较高，因此产业互联网对于低技能劳动力非农就业的促进作用可能较为微弱，表明本书在第 4 章发现的产业互联网的就业创造效应主要发生在高技能劳动力群体中，数字经济通过发挥产业互联网的功能，促进了高技能劳动力群体的城镇化进程，因此产业互联网对城镇化过程中的社会分工从而优化非农就业结构具有机制作用。

将表 6-1 第（1）列与表 6-2 第（1）列相对比可以发现，以机器人渗透率为代表的产业互联网的发展，并没有显著促进农村低技能劳动力从农业部门向低技能偏向的数字化非农行业流动，却显著促进了农村高技能劳动力从传统非农行业或低技能偏向的数字化非农行业，向高技能偏向的数字化非农行业流动，结合第 4 章表 4-1 第（1）列证明的数字经济可以显著促进以机器人渗透率为代表的产业互联网的发展，表 6-1 第（1）列与表 6-2 第（1）列证实了数字经济推动下的产业互联网的就业创造效应主要发生在高技能劳动力群体中，产业互联网对形成社会分工从而优化非农就业结构具有机制作用。此外，正如第 4 章表 4-1 第（3）至（6）列发现的，产业互联网的就业创造效应主要体现在产业互联网的发展通过促进非农生产，特别是出口的发展促进了就业，因此，如果非农生产或出口的发展促进了农村高技能劳动力从事高技能偏向的数字化非农行业，证明了高技能劳动力是产业互联网就业创造效应的主要受益对象。本书通过表6-1第（2）（3）列与表6-2第（2）（3）列的对比进行检验，分别将表6-1第（2）列与表6-2第（2）列相对比，将表6-1第（3）列与表6-2第（3）列相对比，可以发现，整体而言，作为直接生产结果体现的非农生产总值以及出口占比的提高的确能够促进高技能劳动力在城镇化过程中，从事高技能偏向的数字化非农行业。

表6-1 产业互联网对从事低技能偏向的数字化非农行业的作用

| 被解释变量 是否从事低技能偏向的数字化非农行业 | （1） | （2） | （3） |
|---|---|---|---|
| 机器人渗透率× 是否是低技能劳动力 | 0.032 (0.074) | — — | — — |
| 出口占地区 GDP 比重× 是否是低技能劳动力 | — — | 3.623 (3.006) | — — |
| 非农生产总值× 是否是低技能劳动力 | — — | — — | 0.158 (0.258) |
| 个体特征 | 是 | 是 | 是 |
| 家庭特征 | 是 | 是 | 是 |
| 地区特征 | 是 | 是 | 是 |
| 个体固定效应 | 是 | 是 | 是 |
| 时间固定效应 | 是 | 是 | 是 |
| 观测数 | 11 211 | 11 117 | 11 211 |
| $R^2$ | 0.022 | 0.023 | 0.024 |

注：第（1）列估计了机器人渗透率对不同技能农村劳动力由农业向低技能偏向的数字化非农行业流动的影响。由于在交互项模型中，本书重点关注的是交互项，为简化表格，未汇报所有一次项的系数，如有需要，可联系作者索取。下同。

表6-2　产业互联网对从事高技能偏向的数字化非农行业的作用

| 被解释变量 是否从事高技 能偏向的数字化非农行业 | （1） | （2） | （3） |
|---|---|---|---|
| 机器人渗透率× 是否是高技能劳动力 | 0.181** (0.081) | — — | — — |
| 出口占地区 GDP 比重× 是否是高技能劳动力 | — — | 0.489 (1.446) | — — |
| 非农生产总值× 是否是高技能劳动力 | — — | — — | 0.346** (0.145) |
| 个体特征 | 是 | 是 | 是 |
| 家庭特征 | 是 | 是 | 是 |
| 地区特征 | 是 | 是 | 是 |
| 个体固定效应 | 是 | 是 | 是 |
| 时间固定效应 | 是 | 是 | 是 |
| 观测数 | 12 737 | 12 633 | 12 737 |
| $R^2$ | 0.014 | 0.013 | 0.013 |

这一发现具有很强的经济学含义，即数字经济的发展符合技术扩散及应用的基本规律：数字技术的进步必然优先为开发和推广这项技术的劳动力提供更多就业机会。随着数字技术在社会生活多个领域的逐渐扩散和下沉，技术的正外部性得以逐渐发挥，因此可以进一步惠及其他技能类型的劳动力的非农就业活动，从社会化再生产过程中产业互联网的角度，解释了数字经济对于促成城镇化发展过程中的有效社会分工、优化非农就业结构的作用：整体而言，产业互联网所代表的数字技术对直接生产过程的技术渗透，促进了高技能劳动力在城镇化过程中，从事高技能偏向的数字化非农行业，而对低技能劳动力在城镇化过程中，从事低技能偏向的数字化非农行业的作用微乎其微。

## 6.1.2　消费互联网对社会分工的机制作用

以上研究证实了从最直接的就业创造效应角度，产业互联网所推动的生产的发展有助于高技能劳动力在城镇化过程中，从事高技能偏向的数字化非农行业，即数字经济通过发挥产业互联网的作用，更加促进了高技能农村劳动力群体的城镇化进程。接着从数字技术对社会化再生产过程中消费端的影响角度，分析数字经济在推动城镇化发展的过程中，消费互联网对促成有效社会分工从而优化非农就业结构具有的机制作用。

与产业互联网主要是数字技术在数据开发层或产品设计层的生产性应用相对，消费互联网更加侧重于数字技术在产品使用层的生活性应用。因此，消费互联网的发展促进了数字技术在生活性应用方面相关职业的发展，例如，消费互联网的发展会扩大对快递员、外卖员和网约车司机的需求，部分职业对劳动力的技能要求相对较低，因此，消费互联网能够推动农村低技能劳动力向非农行业，尤其是向低技能偏向的数字化非农行业流动。对于主要在数据开发层或产品设计层发挥作用的高技能劳动力而言，消费互联网代表的数字技术在产品使用层的应用，对高技能劳动力的直接需求已经微乎其微。综合以上分析，本书在第4章发现的消费互联网对就业创造效应的强化作用主要发生在低技能劳动力群体中，即数字经济通过发挥消费互联网的功能，更加促进了低技能劳动力群体的城镇化进程，因此消费互联网对城镇化过程中社会分工的形成，非农就业结构的优化也具有机制作用。

与第4章的分析相一致，首先研究消费互联网的形成（即数字支付、数字信贷等数字金融形式所推动的消费方式的数字化），对于形成社会分工从而优化非农就业结构的机制作用。将表6-3第（1）列与表6-4第（1）列相对比，可以发现，数字金融的发展的确显著促进了农村低技能劳动力，从农业部门向低技能偏向的数字化非农行业流动，没有显著促进高技能劳动力从传统非农行业或低技能偏向的数字化非农行业向高技能偏向的数字化非农行业流动。结合第4章表4-3第（1）列证明的数字经济，可以显著促进以数字金融为代表的消费互联网的发展，表6-3第（1）列与表6-4第（1）列证实了数字经济推动下的消费互联网的形成，对就业创造效应的强化作用主要发生在低技能劳动力群体中，消费互联网的形成对促成社会分工从而优化非农就业结构具有机制作用。值得指出的是，如果将表6-3第（1）列和表6-4第

（1）列中 DID 项的系数之差，与表6-1第（1）列和表6-2第（1）列中 DID 项的系数之差进行比较，可以发现，产业互联网对形成社会分工从而优化非农就业结构起到的机制作用更大，这与直接生产过程本身的核心地位有重要关系。

本书从数字金融发挥作用的主要内容即支付业务和信贷业务角度切入，研究支付业务和信贷业务是否促进了低技能劳动力非农就业。分别将表6-3第（2）列与表6-4第（2）列，表6-3第（3）列与表6-4第（3）列相对比，可以发现，整体而言支付业务与是否是低技能劳动力的虚拟变量的交互项，以及与是否是高技能劳动力的虚拟变量的交互项均为正，但均不显著；而信贷业务与是否是低技能劳动力的虚拟变量的交互项显著为正，但与是否是高技能劳动力的虚拟变量的交互项为负且不显著。

表6-3　消费互联网的形成对从事低技能偏向的数字化非农行业的作用

| 被解释变量 是否从事低技能偏向的数字化非农行业 | （1） | （2） | （3） |
|---|---|---|---|
| 数字金融指数× 是否是低技能劳动力 | 0.008 * (0.005) | — — | — — |
| 支付业务指数× 是否是低技能劳动力 | — — | 0.001 (0.001) | — — |
| 信贷业务指数× 是否是低技能劳动力 | — — | — — | 0.003 * (0.002) |
| 个体特征 | 是 | 是 | 是 |
| 家庭特征 | 是 | 是 | 是 |
| 地区特征 | 是 | 是 | 是 |
| 个体固定效应 | 是 | 是 | 是 |
| 时间固定效应 | 是 | 是 | 是 |
| 观测数 | 10 495 | 8 087 | 8 087 |
| $R^2$ | 0.017 | 0.013 | 0.015 |

表 6-4　消费互联网的形成对从事高技能偏向的数字化非农行业的作用

| 被解释变量<br>是否从事高技能偏向的数字化非农行业 | （1） | （2） | （3） |
|---|---|---|---|
| 数字金融指数×<br>是否是高技能劳动力 | 0.004<br>（0.003） | —<br>— | —<br>— |
| 支付业务指数×<br>是否是高技能劳动力 | —<br>— | 0.001<br>（0.000） | —<br>— |
| 信贷业务指数×<br>是否是高技能劳动力 | —<br>— | —<br>— | -0.001<br>（0.001） |
| 个体特征 | 是 | 是 | 是 |
| 家庭特征 | 是 | 是 | 是 |
| 地区特征 | 是 | 是 | 是 |
| 个体固定效应 | 是 | 是 | 是 |
| 时间固定效应 | 是 | 是 | 是 |
| 观测数 | 11 946 | 9 235 | 9 235 |
| $R^2$ | 0.012 | 0.014 | 0.013 |

这些发现具有很强的经济学含义，说明数字金融促进了低技能劳动力在城镇化过程中，从事低技能偏向的数字化非农行业，主要是数字信贷业务更加缓解了低技能劳动力的信贷约束，释放了在数字信贷业务大规模开展之前，因受到信贷约束而被压抑的低技能劳动力的消费需求。在收入越低，边际消费倾向越大的规律作用下，数字信贷业务的发展促进了低技能劳动力的消费（如利用花呗、信用贷等进行赊账消费），加速了更加匹配低技能劳动力需求产品的价值实现，进而可以不断增加对生产或服务于这类产品的低技能劳动力的需求。

继续研究消费互联网质量的提升（消费结构升级推动的消费内容的数字化），对于形成社会分工从而优化非农就业结构的机制作用。从表 6-5 第（1）列可以看出，数字金融显著促进了低技能劳动力消费结构的升级，由于数字技术为以往主要以线下形式呈现的文教、娱乐、医疗保健等消费内容进行了数字化赋能，使这些消费内容可以以在线教育、短视频、电子游戏、在线医疗等形式呈现，时空约束的缓解促进了相应行业中企业的进入，促进了行业竞争，因而降低了相应产品或服务的价格，并且增加了这类产品或服务的可触及性，促进了具有收入约束的低技能劳动力的消费升级。对于高技能劳动力而言，一方面，高技能劳动力具有较高收入，在线文教、娱乐、医疗保健等产品或服务价格的降低，并不会在边际上促进高技能劳动力的消费；另一方面，高技能劳动力的消费本身处于马斯洛需求曲线的尊重层、自我实现层等高层次需求水平，追求发展和享受型消费，在数字技术大规模应用之前，文教、娱乐、医疗保健类的产品或服务，在高技能劳动力的消费结构中占比就比较大，并不会由于线上或线下形式的改变而出现显著变化。

将表 6-5 第（2）列与第（3）列相对比，可以看出，不仅表 6-3 显示的消费方式的数字化促进了低技能劳动力非农就业，消费内容的数字化也促进了低技能劳动力在城镇化过程中，从事低技能偏向的数字化非农行业，但对高技能劳动力从事高技能偏向的数字化非农行业的作用较小。尽管表 6-5 第（2）列的系数仍然不显著，但 $t$ 值为 1.57，已接近 10% 的显著水平。相较于表 6-5 第（3）列，消费结构升级对低技能劳动力非农就业的促进作用明显更大。进一步解释第 4 章表 4-5 第（2）列表明的，在不区分农村劳动力的技能类型和非农行业的具体类型时，消费结构的升级对农村劳动力非农就业的促进作用不显著的结论，即不仅是第 4 章提到的消费结构的升级是一个漫长的过程，在短期内尚无法形成对劳动力市场影响的原因，还与该列所示的回归并未区分农村劳动力的技能类型和非农行业的具体类型有关。

那么消费结构的升级为什么促进了低技能劳动力在城镇化过程中，从事低技能偏向的数字化非农行业呢？如表 6-5 第（1）列所示，数字经济促进的消费结构的升级主要发生在低技能劳动力群体中，意味着这种升级所引起的教育、医疗等线上产品或服务的生产，主要适用于低技能劳动力的需要，技能水平含量相对较低，自然会更加促进生产或服务于这类产品或服务的低技能劳动力就业。

综合表 6-5 的各列，数字经济推动下的消费互联网质量的提升主要促进了低技能劳动力非农就业，因此消费互联网质量的提升对形成社会分工、优化非农就业结构也具有机制作用。结合表6-3和表6-4的分析，无论是消费互联网的形成还是质量的提高，消费互联网对就业创造效应的加强，有效解释了数字经济在提高非农就业量、推动城镇化发展的过程中，对形成有效社会分工从而优化非农就业结构具有的促进作用：数字经济通过发挥消费互联网的作用，更加促进了低技能农村劳动力在城镇化过程中从事非农工作。

表6-5　消费互联网质量的提升对社会分工的机制作用

| 被解释变量 | （1）消费结构升级 | （2）是否从事低技能偏向的数字化非农行业 | （3）是否从事高技能偏向的数字化非农行业 |
|---|---|---|---|
| DID×是否是低技能劳动力 | 0.017* | — | — |
| | (0.010) | — | — |
| 消费结构升级×是否是低技能劳动力 | — | 0.500 | — |
| | — | (0.318) | — |
| 消费结构升级×是否是高技能劳动力 | — | — | 0.027 |
| | — | — | (0.158) |
| 个体特征 | 是 | 是 | 是 |
| 家庭特征 | 是 | 是 | 是 |
| 地区特征 | 是 | 是 | 是 |
| 个体固定效应 | 是 | 是 | 是 |
| 时间固定效应 | 是 | 是 | 是 |
| 观测数 | 21 969 | 11 209 | 12 734 |
| $R^2$ | 0.004 | 0.022 | 0.012 |

注：第（2）列中"消费结构升级×是否是低技能劳动力"的系数估计的 $t$ 值是1.57。

　　在数字经济促进城镇化发展的过程中，消费互联网起到的对形成社会分工从而优化非农就业结构的促进作用的研究具有很强的经济学含义。研究发现，一方面，以数字信贷为代表的消费方式的数字化，可以缓解低技能劳动力的收入约束，加速对满足低技能劳动力需求产品的消费，进而提高对低技能劳动力的需求；另一方面，以消费结构升级为代表的消费内容的数字化主要优化了低技能劳动力的消费结构，同样加速了对更能满足低技能劳动力消费结构升级需求产品的消费，相对而言，对于低技能劳动力的需求更大。随着数字技术由开发设计端（或生产端）下沉至应用端（或消费端），低技能劳动力的消费、就业形成了一个闭环，消费互联网主要通过加速闭环上的低技能劳动力的消费过程（无论是通过缓解收入约束还是优化消费结构），为闭环上的低技能劳动力创造更多就业机会，进一步缓解收入约束、优化消费结构、促进闭环上的消费、就业的不断发展。无论是否消费更高质量的产品，两个作用渠道的本质都是数字经济对农村低技能劳动力收入约束的缓解，只是前者通过数字信贷的方式直接缓解了低技能劳动力的收入约束，后者则是通过相对降低数字化产品价格的方式间接缓解了低技能劳动力的收入约束，提高其购买能力。

### 6.1.3　数字化治理对社会分工的机制作用

从数字技术对社会化再生产过程中生产关系的影响角度，分析数字经济在推动城镇化发展的过程中，数字化治理对促进形成有效社会分工从而优化非农就业结构具有的机制作用。从表6-6可以看出，在有效社会分工形成方面，数字化治理并未显示出明显的促进作用。原因是，政府管理模式和社会监督方式是不同技能类型的劳动力共同面临的宏观制度环境，无论是否进行数字化改善，对于不同技能类型的农村劳动力的影响不存在显著差异。

表6-6　数字化治理对社会分工的机制作用

| 被解释变量 | （1）是否遭遇政府不合理收费 | （2）是否因贫富差距遭遇不公对待 | （3）是否与政府干部发生冲突 | （4）是否遭遇政府干部不公对待 | （5）权益是否遭到政府损害 | （6）对政府的评价 | （7）是否从事低技能偏向的数字化非农行业 | （8）是否从事高技能偏向的数字化非农行业 |
|---|---|---|---|---|---|---|---|---|
| DID×是否是低技能劳动力 | 0.027* (0.015) | 0.056 (0.047) | 0.011 (0.025) | 0.046 (0.036) | 0.037 (0.027) | 0.064 (0.094) | — — | — — |
| 对政府的评价×是否是低技能劳动力 | — — | — — | — — | — — | — — | — — | 0.021 (0.022) | — — |

| 被解释变量 | (1) 是否遭遇政府不合理收费 | (2) 是否因贫富差距遭遇不公对待 | (3) 是否与政府干部发生冲突 | (4) 是否遭遇政府干部不公对待 | (5) 权益是否遭到政府损害 | (6) 对政府的评价 | (7) 是否从事低技能偏向的数字化非农行业 | (8) 是否从事高技能偏向的数字化非农行业 |
|---|---|---|---|---|---|---|---|---|
| 对政府的评价×是否是高技能劳动力 | — | — | — | — | — | — | — | −0.056 |
|  | — | — | — | — | — | — | — | (0.037) |
| 个体特征 | 是 | 是 | 是 | 是 | 是 | 是 | 是 | 是 |
| 家庭特征 | 是 | 是 | 是 | 是 | 是 | 是 | 是 | 是 |
| 地区特征 | 是 | 是 | 是 | 是 | 是 | 是 | 是 | 是 |
| 个体固定效应 | 是 | 是 | 是 | 是 | 是 | 是 | 是 | 是 |
| 时间固定效应 | 是 | 是 | 是 | 是 | 是 | 是 | 是 | 是 |
| 观测数 | 27 486 | 29 412 | 30 618 | 30 558 | 30 013 | 28 771 | 11 415 | 10 015 |
| $R^2$ | 0.009 | 0.010 | 0.006 | 0.006 | 0.035 | 0.017 | 0.013 | 0.018 |

本节从社会化再生产过程角度分析了数字经济在提高非农就业量从而促进城镇化发展的过程中，对形成有效社会分工、优化非农就业结构方面的影响机制，机制分析仍然围绕产业互联网和消费互联网展开。数字技术在数据开发层和产品设计层的应用形成的产业互联网的发展，主要促进了农村高技能劳动力向高技能偏向的数字化非农行业流动；数字技术在产品使用层的应用带来的消费互联网的发展，主要促进了农村低技能劳动力向低技能偏向的数字化非农行业流动。这意味着在数字经济推动农村劳动力向非农行业转移从而加快城镇化发展的过程中，产业互联网和消费互联网在自身独有的运行逻辑下独立运作，形成了使不同技能类型农村劳动力从事与自身技能水平相匹配的非农工作的分流机制，使得不同技能类型的农村劳动力群体基于自身技能类型形成不同的城镇化发展道路。

基于直接生产过程本身的核心地位，相对而言，产业互联网在其中起到了更大的作用。与此同时，两股力量又是相互交织的，一方面，高技能劳动力可以源源不断地为市场提供高质量的数字化产品，促进数字技术在产品使用层的应用，进而促进数字化产品价格的下降，因此可以促进低技能劳动力消费方式的数字化（利用数字信贷缓解自身收入约束）、消费结构的高级化（消费更多在线教育、医疗等数字化产品）。由于消费方式的数字化和消费结构的高级化主要发生在低技能劳动力群体中，因而短期内可以进一步促进能满足这些低技能劳动力的消费方式和结构变化的低技能劳动力就业。另一方面，从更加长远的角度看，低技能劳动力消费的数字化可以加快产品的价值实现，从而促进生产的不断扩大，因此需要高技能劳动力开发设计出更多高质量的数字化产品，并保障数字支付、信贷系统的稳定和持续升级。分析表明，从社会化再生产过程角度看，高低技能劳动力可以在数字经济推动城镇化进程的大背景下，形成技能互补、互为促进的良性循环系统，构成数字经济推动不同技能类型的农村劳动力在城镇化进程中形成有效社会分工从而优化非农就业结构的大生态（见图6-1）。

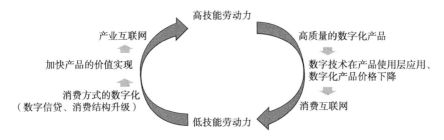

**图6-1　高低技能劳动力在城镇化进程中形成有效社会分工的相互作用**

## 6.2　劳动生产率

第4章在从劳动者自身角度分析数字经济促进非农就业（主要是提高农村劳动力非农就业量），从而推动城镇化发展的作用机制时发现，数字经济通过降低信息获取成本、议价成本、协商与决策成本等交易成本，发挥城市劳动力对农村劳动力在消费方面的示范效应，能够促进农村劳动力的人力资本和社会资本提升，进而提高其劳动生产率，促进其非农就业。这些从劳动者自身角度出发分析的数字经济提高农村劳动力非农就业量的作用机制，是否可以进一步解释数字经济在这一过程中对形成有效社会分工、优化非农就业结构起到的促进作用呢？即数字经济是否可以通过差异性地提高不同技能类型劳动力的人力资本、社会资本，从而促进低技能劳动力在城镇化过程中，从事低技能偏向的数字化非农行业，或促进高技能劳动力在城镇化过程中，从事高技能偏向的数字化非农行业？进一步的，如果继续从数字经济本身的特点对劳动生产率的影响角度深入分析，数字经济是否可以通过差异性地在不同技能类型劳动力群体中，降低交易成本或发挥示范效应促进城镇化过程中有效社会分工的形成？

首先检验数字经济是否对不同技能劳动力的劳动生产率（如第 4 章所述，由于人力资本和社会资本的积累有助于提高劳动生产率，此处仍将人力资本和社会资本的提高视作劳动生产率的提高）是否具有差异性影响。表 6-7 第（1）（2）列表明，尽管数字经济对高低技能劳动力的人力资本和社会资本不具有显著的差异性影响，但表 6-7 第（1）（2）列中"DID×是否是低技能劳动力"系数估计的 $t$ 值分别为 1.08 和 1.50，即数字经济在一定程度上提升了低技能劳动力的劳动生产率。然而，表 6-7 第（3）至（6）列表明，人力资本或社会资本并没有促进低技能劳动力在城镇化过程中，从事低技能偏向的数字化非农行业，或促进高技能劳动力在城镇化过程中，从事高技能偏向的数字化非农行业。因此，综合表 6-7 各列回归结果，数字经济似乎并没有通过差异性地影响不同技能劳动力的劳动生产率，使农村劳动力从事不同类型的非农工作，从而形成城镇化过程中依据技能类型而形成的有效社会分工，优化非农就业结构。

进一步从数字经济的特点出发，深入考察数字经济是否可以差异性地降低不同技能劳动力，在从事有助于促进农村劳动力非农就业的经济活动中的交易成本或者差异性地发挥示范效应，从而促进城镇化过程中社会分工的形成，优化非农就业结构。在本节的最后还将尝试解释数字经济并没有通过差异性地影响不同技能劳动力的劳动生产率，从而促进城镇化过程中的社会分工形成的原因。

表6-7　数字经济提高劳动生产率对社会分工的机制作用

| 被解释变量 | （1）人力资本 | （2）社会资本 | （3）是否从事低技能偏向的数字化非农行业 | （4）是否从事低技能偏向的数字化非农行业 | （5）是否从事高技能偏向的数字化非农行业 | （6）是否从事高技能偏向的数字化非农行业 |
|---|---|---|---|---|---|---|
| DID×是否是低技能劳动力 | 0.193 | 0.401 | — | — | — | — |
|  | (0.178) | (0.268) | — | — | — | — |
| 人力资本×是否是低技能劳动力 | — | — | 0.002 | — | 0.017 | — |
|  | — | — | (0.025) | — | (0.022) | — |
| 社会资本×是否是低技能劳动力 | — | — | — | 0.021 | — | 0.013 |
|  | — | — | — | (0.027) | — | (0.021) |
| 个体特征 | 是 | 是 | 是 | 是 | 是 | 是 |
| 家庭特征 | 是 | 是 | 是 | 是 | 是 | 是 |
| 地区特征 | 是 | 是 | 是 | 是 | 是 | 是 |
| 个体固定效应 | 是 | 是 | 是 | 是 | 是 | 是 |
| 时间固定效应 | 是 | 是 | 是 | 是 | 是 | 是 |
| 观测数 | 24 847 | 27 108 | 18 845 | 18 598 | 10 374 | 10 218 |
| $R^2$ | 0.050 | 0.034 | 0.227 | 0.246 | 0.014 | 0.018 |

## 6.2.1　交易成本降低效应对社会分工的机制作用

### 6.2.1.1　信息获取成本

首先分析信息获取成本降低是否是数字经济进一步促成城镇化进程中有效社会分工，从而优化非农就业结构的作用机制。表4-10第（1）列通过证明数字经济提高了宽带接入用户数（按人口规模加权），表明数字经济具有规模经济效应。表6-8第（1）列表明，数字经济规模经济效应的发挥，对于不同技能水平劳动力的信息获取成本（仍以通信支出占消费总支出的比重表示）具有异质性影响，主要是更加降低了低技能劳动力的信息获取成本。当表6-8

第（2）列以数字经济对电信业务量（按人口规模加权）的促进作用表示规模经济效应时，也得到了类似结论。表6-8第（3）列表明，信息获取成本的降低促进了低技能劳动力在城镇化过程中从事低技能偏向的数字化非农行业，对高技能劳动力从事高技能偏向的数字化非农行业则无显著影响，说明数字经济的规模经济效应对于不同技能类型劳动力的信息获取成本的降低作用存在差异，从而导致对不同技能水平的劳动力从事不同类型非农工作的促进作用存在差异，由此实现了数字经济推动城镇化进程时，在促成有效社会分工、优化非农就业结构方面的促进作用。

表6-8　信息获取成本降低效应对社会分工的机制作用

| 被解释变量 | （1） | （2） | （3） | （4） |
|---|---|---|---|---|
| | 通信支出占消费总支出的比重 | | 是否从事低技能偏向的数字化非农行业 | 是否从事高技能偏向的数字化非农行业 |
| 宽带接入用户数（按人口规模加权）是否是低技能劳动力 | -0.002** <br> (0.001) | — <br> — | — <br> — | — <br> — |
| 电信业务量（按人口规模加权）× 是否是低技能劳动力 | — <br> — | -0.001 <br> (0.001) | — <br> — | — <br> — |
| 通信支出占消费总支出的比重× 是否是低技能劳动力 | — <br> — | — <br> — | -14.239** <br> (7.139) | — <br> — |
| 通信支出占消费总支出的比重× 是否是高技能劳动力 | — <br> — | — <br> — | — <br> — | 2.359 <br> (5.069) |
| 个体特征 | 是 | 是 | 是 | 是 |
| 家庭特征 | 是 | 是 | 是 | 是 |
| 地区特征 | 是 | 是 | 是 | 是 |
| 个体固定效应 | 是 | 是 | 是 | 是 |
| 时间固定效应 | 是 | 是 | 是 | 是 |
| 观测数 | 25 270 | 25 270 | 9 144 | 10 416 |
| $R^2$ | 0.007 | 0.006 | 0.026 | 0.014 |

　　研究发现背后的经济学逻辑是：一方面，在数字经济快速发展之前，低技能劳动力面临的网络资源质量相对于高技能劳动力而言较差，因而低技能劳动力的信息获取成本更高；另一方面，由于一般而言收入水平与受教育水平成正比，因此，相对于高技能劳动力，低技能劳动力本身面临着更大的收入约束。意味着随着网络资源的丰富，从边际的角度，相较于高技能劳动力，低技能劳动力的信息获取成本可以得到更大幅的下降，因而更有利于缓解低技能劳动力的收入约束，促进其广泛利用网络资源，提高自身人力资本和社会资本。值得注意的是：第4章在从社会化再生产过程中的消费互联网角度，分析数字经济在推动城镇化发展过程中，对形成有效社会分工、优化非农就业结构方面的促进作用时，发现从本质上说，数字金融或消费结构的升级是促进低技能劳动力从事低技能偏向的数字化非农行业的机制之一，也是数字金融或消费结构的升级对于低技能劳动力收入约束的缓解，例如，低技能劳动力可以利用"花呗""信用贷"等进行数字借贷，或者消费价格较低的线上服务等，即分别从增加借款渠道以及节省开支角度缓解收入约束。这意味着对于低技能劳动力而言，缓解其收入约束是数字经济促进其在城镇化过程中实现非农就业的本质原因。

### 6.2.1.2　议价成本

　　（1）通勤成本。基于第4章的发现，数字技术可以通过降低通勤成本提高劳动生产率，进而促进非农就业，加快城镇化进程。下面分析通勤成本降低是否是数字经济进一步促成社会分工，从而优化非农就业结构的作用机制。表6-9第（1）（2）列表明，数字经济对通勤时间的影响在不同技能水平的农村劳动力间并没有显著差异，但却降低了低技能劳动力的通勤支出占比，即数字经济显著降低了低技能劳动力在交通方面的议价成本。表6-9第（3）（4）列表明，通勤时间的缩短无助于促进低技能劳动力在城镇化过程中从事低技能偏向的数字化非农行业，而通勤支出占比的下降则在一定程度上促进了低技能劳动力的就业过程，尽管作用不显著，但表6-9第（3）列和第（4）列相对比可以发现，对于低技能劳动力在城镇化过程中从事低技能偏向的数字化非农行业而言，重要的是通勤的物质成本而非时间成本的下降。

观察表6-9第（5）（6）列可以看出，对于高技能劳动力而言，无论是通过促进通勤时间成本的下降，还是通过促进通勤物质成本的下降，均不是数字经济借以更加促进其在城镇化过程中，从事高技能偏向的数字化非农行业的机制。

表6-9　通勤成本降低效应对社会分工的机制作用

| 被解释变量 | （1）上下班单程时间 | （2）交通支出占总消费支出的比重 | （3）是否从事低技能偏向的数字化非农行业 | （4）是否从事低技能偏向的数字化非农行业 | （5）是否从事高技能偏向的数字化非农行业 | （6）是否从事高技能偏向的数字化非农行业 |
|---|---|---|---|---|---|---|
| DID×是否是低技能 | 0.027 | -0.018* | — | — | — | — |
| | (0.131) | (0.011) | — | — | — | — |
| 上下班单程时间×是否是低技能 | — | — | 0.088 | — | — | — |
| | — | — | (0.058) | — | — | — |
| 交通支出占消费总支出比重×是否是低技能 | — | — | — | -0.469 | — | — |
| | — | — | — | (0.630) | — | — |
| 上下班单程时间×是否是高技能 | — | — | — | — | 0.080 | — |
| | — | — | — | — | (0.066) | — |
| 交通支出占消费总支出比重×是否是高技能 | — | — | — | — | — | 0.253 |
| | — | — | — | — | — | (0.356) |
| 个体特征 | 是 | 是 | 是 | 是 | 是 | 是 |
| 家庭特征 | 是 | 是 | 是 | 是 | 是 | 是 |
| 地区特征 | 是 | 是 | 是 | 是 | 是 | 是 |
| 个体固定效应 | 是 | 是 | 是 | 是 | 是 | 是 |
| 时间固定效应 | 是 | 是 | 是 | 是 | 是 | 是 |
| 观测数 | 7 025 | 25 272 | 4 396 | 7 375 | 5 075 | 8 344 |
| $R^2$ | 0.011 | 0.021 | 0.021 | 0.028 | 0.013 | 0.022 |

这一观察发现具有两方面价值：一是从高技能劳动力角度说明通勤时间成本的下降，的确不是数字经济进一步推动形成城镇化进程中的有效社会分工，从而优化非农就业结构的作用机制；二是根据表6-9第（2）列和第

（4）列表明的数字经济通过降低农村低技能劳动力的通勤物质成本，从而促进其在城镇化过程中从事低技能偏向的数字化非农行业，对于低技能劳动力而言，缓解其收入约束是数字经济促进其在城镇化过程中实现非农就业的重要原因。

（2）家务成本。基于第4章的发现，数字技术可以通过降低家务成本提高劳动生产率，从而促进非农就业。下面分析促进家务成本降低，是否是数字经济进一步促成城镇化进程中的有效社会分工，从而优化非农就业结构的作用机制。表6-10第（1）列表明，相对于高技能劳动力，数字经济显著降低了低技能劳动力的家务劳动时间，即数字经济更加显著地降低了低技能劳动力在生活方面的议价成本。第（2）列则表明，相对于低技能劳动力，数字经济显著降低了高技能劳动力的闲暇时间。由于数字经济对高低技能类型劳动力家务时间和闲暇时间的作用方向相反，因此，表6-10第（3）列表明，数字经济对于工作时间与闲暇和家务劳动时间均值的比值的作用，在不同技能劳动力间并不存在显著差异。这使得表6-10第（4）列和第（5）显示的工作时间与闲暇和家务劳动时间均值的比值的提高，并没有显著促进低技能劳动力在城镇化过程中从事低技能偏向的数字化非农行业，或显著促进高技能劳动力在城镇化过程中从事高技能偏向的数字化非农行业。结合上面的发现，通勤时间的缩短（意味着工作时间的相对增加）不是数字经济在推动城镇化的过程中促成有效社会分工的作用机制，此处的发现再次说明工作时间的相对增加，对于数字经济促成有效社会分工从而优化非农就业结构而言似乎并不重要。

表6-10 家务成本降低效应对社会分工的机制作用

| 被解释变量 | （1）做家务时间 | （2）闲暇时间 | （3）工作时间/闲暇与家务时间均值 | （4）是否从事低技能偏向的数字化非农行业 | （5）是否从事高技能偏向的数字化非农行业 |
|---|---|---|---|---|---|
| DID×是否是低技能劳动力 | -1.136*** (0.158) | 1.304** (0.511) | -0.009 (0.034) | — — | — — |

| 被解释变量 | （1）做家务时间 | （2）闲暇时间 | （3）工作时间/闲暇与家务时间均值 | （4）是否从事低技能偏向的数字化非农行业 | （5）是否从事高技能偏向的数字化非农行业 |
|---|---|---|---|---|---|
| 工作时间/闲暇与家务时间均值×是否是低技能劳动力 | — | — | — | -0.196 | — |
| | — | — | — | （0.431） | — |
| 工作时间/闲暇与家务时间均值×是否是高技能劳动力 | — | — | — | — | 0.236 |
| | — | — | — | — | （0.359） |
| 个体特征 | 是 | 是 | 是 | 是 | 是 |
| 家庭特征 | 是 | 是 | 是 | 是 | 是 |
| 地区特征 | 是 | 是 | 是 | 是 | 是 |
| 个体固定效应 | 是 | 是 | 是 | 是 | 是 |
| 时间固定效应 | 是 | 是 | 是 | 是 | 是 |
| 观测数 | 11 980 | 28 009 | 12 997 | 4 857 | 5 627 |
| $R^2$ | 0.136 | 0.311 | 0.007 | 0.037 | 0.038 |

这些发现蕴含的经济学逻辑是，效率对于非农就业而言才是更加重要的。尽管第 4 章在不区分非农行业具体类型以及农村劳动力具体技能类型时发现，工作时间的相对增加是数字经济促进非农就业从而促进城镇化发展的重要机制，但正式区分行业和农村劳动力技能类型后，本书发现工作时间的相对增加不再重要。这说明从全社会整体的时间利用角度看，相对增加总工作时间才有助于全社会层面的劳动力向非农行业转移，但是由于不同类型的具体行业对于工作时间有不同的要求，不同技能类型的劳动力也面临不同类型的时间分配方式，因此对于具体行业、具体技能类型的劳动力而言，以工作时间/闲暇与家务时间均值为代表的相对工作时间的增加不一定是最重要的，存在结构性差异。例如，毛宇飞和曾湘泉（2017）基于 CGSS 数据，利用 Probit 模型研究发现，工作互联网以及闲暇互联网的使用分别与女性的自雇就业和非自雇就业高度相关。

### 6.2.1.3 协商与决策成本

基于第 4 章的发现，数字技术可以通过降低协商与决策成本提高劳动生产率，从而促进非农就业。下面分析促进协商与决策成本降低是否是数字经济进一步促成城镇化进程中，有效社会分工从而优化非农就业结构的作用机制。表 6-11 第（1）列表明，相较于低技能劳动力，数字经济显著提高了高技能劳动力利用互联网工作的频率，即数字经济更加显著地降低了高技能劳动力在工作中的协商与决策成本。从第（2）（3）列可以看出，尽管"利用网络工作的频率×是否是低技能劳动力"，以及"利用网络工作的频率×是否是高技能劳动力"的系数均不显著，但相应的 $t$ 值分别是 1.11 和 1.63，即互联网工作频率的增加可以在一定程度上促进低技能劳动力在城镇化过程中，从事低技能偏向的数字化非农行业，以及促进高技能劳动力在城镇化过程中，从事高技能偏向的数字化非农行业。综合表 6-11 各列可以得出以下结论：此时数字经济所具有的促进城镇化发展过程中有效社会分工形成的作用，主要是通过降低工作中的协商与决策成本，更加促进高技能劳动力在城镇化过程中从事高技能偏向的数字化非农行业实现的。那么，数字经济为什么更加提高了高技能劳动力使用互联网工作的频率呢？与高技能劳动力的互联网使用技能更强，从事的高技能偏向的工作对互联网使用频率的要求更高有关。例如，相较于低技能劳动力，主要从事脑力工作的高技能劳动力需要更高频率地使用互联网实时监控设备运行、及时进行系统维护、不断调试数据代码等，而对于体力劳动所占比重更大的低技能劳动力而言，其使用互联网工作的频率显然要低于高技能劳动力。

表6-11 协商与决策成本降低效应对社会分工的机制作用

| 被解释变量 | （1）<br>利用网络工作的频率 | （2）<br>是否从事低技能偏向的数字化非农行业 | （3）<br>是否从事高技能偏向的数字化非农行业 |
|---|---|---|---|
| DID×是否是低技能劳动力 | -1.047 *** <br>(0.232) | — <br>— | — <br>— |
| 利用网络工作的频率×是否是低技能劳动力 | — <br>— | 0.010 <br>(0.009) | — <br>— |

续表

| 被解释变量 | （1）<br>利用网络工作的频率 | （2）<br>是否从事低技能偏向<br>的数字化非农行业 | （3）<br>是否从事高技能偏向<br>的数字化非农行业 |
|---|---|---|---|
| 利用网络工作的频率×<br>是否是高技能劳动力 | — | — | 0.013 |
| | — | — | （0.008） |
| 个体特征 | 是 | 是 | 是 |
| 家庭特征 | 是 | 是 | 是 |
| 地区特征 | 是 | 是 | 是 |
| 个体固定效应 | 是 | 是 | 是 |
| 时间固定效应 | 是 | 是 | 是 |
| 观测数 | 30 919 | 11 211 | 12 737 |
| $R^2$ | 0.091 | 0.023 | 0.013 |

## 6.2.2 示范效应对社会分工的机制作用

基于第 4 章的发现，数字技术可以通过发挥城市劳动力对农村劳动力的生活习惯、投资与消费理念等方面的示范效应，提高农村劳动力的劳动生产率，进而促进其非农就业。与第 4 章保持一致，此处仍然将数字经济促进农村劳动力消费结构的提升，视作数字经济示范效应的发挥。下面分析示范效应的发挥是否是数字经济进一步促成城镇化进程中的有效社会分工，从而优化非农就业结构的作用机制。第 4 章表 4-15 第（1）列证明了数字经济显著促进了农村劳动力消费结构的升级，表 6-12 第（1）（2）列进一步表明，农村劳动力消费结构的升级有助于低技能劳动力在城镇化过程中，从事低技能偏向的数字化非农行业，但对于高技能劳动力从事高技能偏向的数字化非农行业的作用不显著。因此，数字经济促进示范效应的发挥也是数字经济促成有效社会分工从而优化非农就业结构的重要机制。表 6-12 第（3）列进一步解释了农村消费结构升级促进了低技能劳动力在城镇化过程中，从事低技能偏向的数字化非农行业的原因：相较于农村高技能劳动力，农村消费结构的升级，通过发挥同群效应（即个体受到周围其他个体行为的影响而形成的学习效应），显著促进了低技能劳动力提高使用互联网学习的相对频率。这意味着数字经济通过促进示范效应的发挥，显著促进了低技能劳动力投资于自身人力资本，自身人力资本投资的增加显然有利于其从事非农工作。但是对于农村高技能劳动力而言，首先，农村高技能劳动力居住在农村的比例小于低技能劳动力，受到农村劳动力整体消费结构提升的影响较小；其次，农村高技能劳动力本身已经具有较高的人力资本，因此农村劳动力整体消费结构的提升，在边际上促进其提高对自身人力资本投资的作用较小；最后，由于自身认知水平较高，高技能劳动力本身利用互联网学习的频率比较高，而低技能劳动力的自主学习意识相对较差，更容易受到周围环境的影响。因此，通过同群效应，农村消费结构的升级最可能影响农村低技能劳动力的互联网使用频率。

表6-12 示范效应对社会分工的机制作用

| 被解释变量 | (1)<br>是否从事低技能偏向<br>的数字化非农行业 | (2)<br>是否从事高技能偏向<br>的数字化非农行业 | (3)<br>网络学习频率/<br>网络娱乐频率 |
|---|---|---|---|
| 农村消费结构升级×<br>是否是低技能劳动力 | 2.148*<br>(1.200) | —<br>— | 5.216<br>(3.655) |
| 农村消费结构升级×<br>是否是高技能劳动力 | —<br>— | −0.808<br>(0.947) | —<br>— |
| 个体特征 | 是 | 是 | 是 |
| 家庭特征 | 是 | 是 | 是 |
| 地区特征 | 是 | 是 | 是 |
| 个体固定效应 | 是 | 是 | 是 |
| 时间固定效应 | 是 | 是 | 是 |
| 观测数 | 9 988 | 11 379 | 5 007 |
| $R^2$ | 0.018 | 0.013 | 0.048 |

以上从劳动力自身角度出发，通过进一步剖析数字经济本身的交易成本降低效应和示范效应，得出了数字经济在提高非农就业量从而促进城镇化发展过程中，对促进形成基于劳动力技能类型的有效社会分工、优化非农就业

结构的作用机制：通过显著降低农村低技能劳动力的信息获取成本，以通勤的物质成本为代表的议价成本，以及通过促进农村消费结构升级以发挥对低技能劳动力的同群效应，促进其进行自身人力资本投资，数字经济有助于提高农村低技能劳动力的劳动生产率，促进其在城镇化过程中从事低技能偏向的数字化非农行业；通过显著降低农村高技能劳动力在工作中的协商与决策成本，数字经济有助于提高农村高技能劳动力的劳动生产率，促进其在城镇化过程中从事高技能偏向的数字化非农行业。

这些发现具有很强的经济学含义，即数字经济为不同技能类型的农村劳动力提高各自劳动生产率提供了不同的作用途径，从而有利于劳动力依据自身的技能特点从事不同类型的数字化非农工作，说明数字经济可以通过分别提高不同技能类型劳动力的劳动生产率，从而促进有效社会分工的形成，优化非农就业结构。

# 6.3 本章小结

本书分别从社会化再生产过程（对劳动力的需求视角）以及劳动者自身角度（劳动力的供给视角），完成了对于数字经济在提高非农就业量从而促进城镇化发展过程中，对形成有效社会分工、优化非农就业结构所具有的具体作用机制的分析。从社会化再生产过程角度看，数字技术在数据开发层和产品设计层的应用形成的产业互联网的发展，促进了农村高技能劳动力向高技能偏向的数字化非农行业流动，数字技术在产品使用层的应用带来的消费互联网的发展，促进了农村低技能劳动力向低技能偏向的数字化非农行业流动，证实了数字经济通过作用于社会化再生产过程的不同环节，促进了以不同技能的农村劳动力依据自身技能类型，从事不同类型的非农工作为代表的有效社会分工的形成，优化了非农就业结构。从劳动者自身角度看，数字经济对劳动生产率的提高效应并不是数字经济所赖以促进形成有效社会分工的主要机制，但数字经济通过差异性地作用于有助于提高劳动生产率的具体活动，如降低交易成本或者促进示范效应的发挥，仍然可以在一定程度上促进有效社会分工的形成，优化非农就业结构。

通过将两种视角下的机制分析进行对比，本章得到了四点发现和结论。

（1）从劳动者自身角度出发分析的劳动生产率的提高（通过人力资本和社会资本的积累而提高），并非数字经济所赖以促进有效社会分工的主要机制，但是通过作用于社会化再生产过程的不同环节，数字经济促进了这个有效社会分工的形成，优化了非农就业结构。主要因为社会化再生产过程的不同环节对不同技能劳动力具有差异化需求，说明相较于直接作用于劳动力供给本身，数字经济为社会化再生产过程进行数字赋能，才是数字经济促成有效社会分工、优化非农就业结构的最主要机制。这个结论意味着若想持续优化以有效社会分工形成为代表的非农就业结构，仍需不断发挥数据要素在社会化再生产过程中的作用，以生产带动劳动力需求，进而实现劳动力在就业方面的高效分工。这体现了生产的基础性地位。

（2）尽管总体看，劳动生产率的提高并非数字经济所赖以促成有效社会分工，从而优化非农就业结构的主要机制，但如果进一步从有助于提高劳动生产率的具体活动看，如降低交易成本或者促进示范效应的发挥，数字经济仍然可以在一定程度上促进有效社会分工的形成。结合从社会化再生产过程角度分析的数字经济促成有效社会分工、优化非农就业结构的机制，对于农村低技能劳动力而言，一方面，数字技术在产品使用层的应用带来的消费互联网的发展可以缓解低技能劳动力的收入约束，增加低技能劳动力对数字化产品的消费，因而可以加速对能生产或服务于这些消费的低技能劳动力的需求，促进低技能劳动力完成由农业向低技能偏向的非农行业的转移；另一方面，通过降低信息获取成本，以通勤的物质成本为代表的议价成本以及通过促进农村消费结构升级，农村劳动力面临的收入约束进一步得到了缓解，有助于低技能劳动力增加对自身人力资本和社会资本的投资，因而同样可以促进农村低技能劳动力向低技能偏向的数字化非农行业流动。对于农村高技能劳动力而言，一方面，数字技术在数据开发层和产品设计层的应用所形成的产业互联网，可以加速对具有高智力水平的高技能劳动力的需求；另一方面，通过降低工作中的协商与决策成本，数字经济同样可以促进农村高技能劳动力向高技能偏向的数字化非农行业流动。通过以上所有过程，数字经济在促进经济结构向非农转型的过程中，同时促成了依照农村劳动力的技能类型而实现的有效社会分工，优化了非农就业结构。以上分析再次表明，数字经济没有通过差异性地影响不同技能劳动力的劳动生产率，从而促成农村劳动力的社会分工（因为数字经济均能提高这两类劳动力的劳动生产率）。

（3）对于低技能劳动力而言，收入约束是影响此类劳动力从事诸多经济活动的重要因素，作为重要的经济活动，非农就业活动也不例外。因此，无论从促进社会化再生产过程的数字化角度，还是从促进劳动生产率提高的具体过程角度分析，数字经济之所以显著促进了低技能劳动力在城镇化过程中，从事低技能偏向的数字化非农行业，本质上是数字经济缓解了低技能劳动力面临的收入约束。

（4）对于高技能劳动力而言，直接作用于数据开发和产品设计过程的高技术水平，是这类劳动力区别于其他类型劳动力的典型特点。因此，无论从促进社会化再生产过程的数字化角度，还是从促进劳动生产率提升的具体过程角度分析，数字经济之所以显著促进了高技能劳动力在城镇化过程中从事高技能偏向的数字化非农行业，都与数字技术对实际生产过程本身的渗透作用密不可分：一方面，数字技术赋能下的数据开发和产品设计需要高技能劳动力的参与；另一方面，数字技术赋能下的数字化文件传输、远程视频等工作方式，促进了工作流程的数字化，更加便利了高技能劳动力的数据开发和产品设计工作。

# 7 数字经济提高非农就业量及优化非农就业结构的制度环境

本书证实了数字经济显著提高了农村劳动力非农就业量，并且依据劳动力的技能类型实现了有效的社会分工，优化了非农就业结构；从数字经济对社会化再生产过程以及对劳动者自身的影响角度，分析了数字经济提高非农就业量以及优化非农就业结构的作用机制。众所周知，作为微观经济主体，个体的就业等经济行为必然与制度环境息息相关。良好的制度环境一方面可以作为公共品，通过发挥正外部性，降低企业生产成本或引领企业创新发展，与数字经济的作用形成互补，不断增加对非农劳动力的需求，提高非农就业量，实质上是通过保障社会化再生产过程的持续健康发展，为劳动力非农就业提供稳定的生产端基础，并可以维护在这一过程中数字经济对形成有效社会分工从而优化非农就业结构的促进作用。另一方面，良好的制度环境还可以直接为提高劳动生产率赋能，保障劳动生产率的持续提高，即与数字经济的作用互补，减少数字经济在提高劳动生产率时可能面临的约束条件，帮助劳动力积累非农工作所需的素质，从而促进其非农就业，并可以维护在这一过程中数字经济对形成有效社会分工从而优化非农就业结构的促进作用。基于此分析，本章将实证检验保障数字经济提高农村劳动力非农就业量，并形成有效社会分工从而优化非农就业结构的制度环境。

## 7.1 保障社会化再生产过程持续发展

与第 4 章和第 6 章在分析数字经济提高非农就业量的机制，以及促成相应的社会分工、优化非农就业结构的机制相一致，本章首先研究保障社会化再生产过程持续发展的制度环境。对于制度环境，新结构经济学提倡将一部分收入用于人力资本、基础设施和社会资本的投资，特别是基础设施和教育的投资，可以降低企业的交易成本，提高企业的竞争力（林毅夫，2011）。借鉴这个思路，本章首先从软硬性基础设施建设两类制度环境出发，挖掘保障社会化再生产过程持续发展的制度环境，对于数字经济持续提高非农就业量，促成有效社会分工，优化非农就业结构的作用。

### 7.1.1 增强硬性基础设施建设

在硬性基础设施[①]方面，与数字经济的发展密切相关的电信，以及电力基础设施建设对于保障数字经济相应经济效应的发挥具有重要作用。

在电信基础设施方面，为保证制度环境变量的外生性，即不会随着作为本书核心解释变量的数字经济的发展状况发生变化，此处采用第3章中用来缓解"宽带中国"政策的内生性问题时使用的，与"八纵八横"光缆骨干网节点城市距离的工具变量，作为如今当地电信基础设施建设状况的代理变量。如本书在第3章指出的，由于"八纵八横"光缆传输骨干网建设工程奠定了中国信息高速公路的基础，在历史上能成为光缆骨干网节点城市的地区，现在更具有布局宽带基础设施的条件，促进电信基础设施发展。因此，一个城市距离节点城市越近，电信基础设施发展得越好。此外，由于距离是历史上的地理数据，具有外生性，因此此处使用这个变量作为电信基础设施建设状况的代理变量，并将其均值作为样本划分的依据，检验更高发展水平的电信基础设施是否更能保障数字经济提高非农就业量，促成有效社会分工，进而优化非农就业结构。表7-1第（1）（2）表明，在与节点城市的距离小于均值的地区，数字经济对提高农村劳动力非农就业量的促进作用更大，但这一作用不显著，且与到节点城市的距离小于均值的地区的差异不显著。

继续观察表7-1第（3）（4）列以及第（5）（6）列，可以看出，电信基础设施对于保障数字经济促进高技能劳动力非农就业的作用更大。原因是电

---

① 根据新结构经济学，硬性基础设施主要指的是交通基础设施、电信基础设施、能源基础设施等。

信基础设施可以通过提高网速，促进智能化设备的开发和利用，加强产业上下游的联系等促进产业互联网的发展，对于直接生产过程的影响较大。结合第6章的研究结论，即产业互联网是数字经济借以促进高技能劳动力从事高技能偏向的数字化非农行业的重要机制，说明了从硬性基础设施建设角度看，良好的电信基础设施建设是保障数字经济提高非农就业量，尤其是促进高技能劳动力非农就业，从而促成有效社会分工、优化非农就业结构的制度环境。

表7-1  制度环境：电信基础设施建设

| 被解释变量 | (1) | (2) | (3) | (4) | (5) | (6) |
|---|---|---|---|---|---|---|
| | 是否从事非农行业 | | 是否从事低技能偏向的数字化非农行业 | | 是否从事高技能偏向的数字化非农行业 | |
| | 全体农村劳动力 | | 农村低技能劳动力 | | 农村高技能劳动力 | |
| | 距离远 | 距离近 | 距离远 | 距离近 | 距离远 | 距离近 |
| DID | 0.022 | 0.031 | 0.029 | 0.010 | -0.042 | 0.118* |
| | (0.025) | (0.021) | (0.031) | (0.024) | (0.199) | (0.065) |
| 个体特征 | 是 | 是 | 是 | 是 | 是 | 是 |
| 家庭特征 | 是 | 是 | 是 | 是 | 是 | 是 |
| 地区特征 | 是 | 是 | 是 | 是 | 是 | 是 |
| 个体固定效应 | 是 | 是 | 是 | 是 | 是 | 是 |
| 时间固定效应 | 是 | 是 | 是 | 是 | 是 | 是 |
| 观测数 | 16 985 | 18 448 | 4 862 | 5 719 | 394 | 741 |
| $R^2$ | 0.256 | 0.189 | 0.043 | 0.011 | 0.154 | 0.092 |
| DID 项系数的组间差异比较的 $p$ 值 | 0.352 | | 0.181 | | 0.000 | |

值得注意的是，本书第6章在从劳动者自身角度分析数字经济促进有效社会分工形成，从而优化非农就业结构的作用机制时发现，数字经济通过发挥规模经济效应，降低了以通信支出占消费总支出的比重为代表的信息获取成本，促进了低技能劳动力在城镇化过程中从事低技能偏向的数字化非农行

业，但对高技能劳动力在城镇化过程中从事高技能偏向的数字化非农行业则无显著促进作用。第 6 章的发现与此处从电信基础设施的整体角度发现的在拥有好的电信基础设施的地方，数字经济对高技能劳动力非农就业的促进作用更大的结论并不矛盾。因为前者的侧重点在于好的电信基础设施所带来的信息获取成本即通信成本的下降作用，而后者侧重的是电信基础设施整体的外部性，外部性最直接的作用是加强了智能化基础，显然有利于促进产业互联网的发展。即使电信基础设施的建设能带来通信成本的下降，但通信成本的下降依赖于用户规模的扩大，而用户规模的扩大需要较长的时间才能形成。

为保证制度变量的相对外生性，本书采用期初当地的人均用电量衡量当地的电力基础设施状况，以期初人均用电量的均值为界划分样本①，检验更高发展水平的电力基础设施是否更能保障数字经济提高非农就业量，以及促成这一过程中的有效社会分工，优化非农就业结构。

表 7-2 第（1）（2）表明，数字经济对非农就业的促进作用主要体现在人均用电量高的组，且与人均用电量低的组的差异显著。继续观察表 7-2 第（3）（4）列以及第（5）（6）列，可以看出，电力基础设施对于数字经济促进高技能劳动力非农就业的保障作用更大，即在电力基础设施建设方面获得了更多支持的制度优势地区，数字经济更加促进了高技能劳动力从事高技能偏向的数字化非农行业。背后的原因同样是电力基础设施的建设为生产发展提供了很好的能源基础，实际上也是通信基础设施赖以发展的支持性基础设施，因此还可以通过保障通信基础设施的稳定发展，维护产业互联网发展的稳定性。由于产业互联网是数字经济借以促进高技能劳动力在城镇化过程中，从事高技能偏向的数字化非农行业的重要机制，因此，从硬性基础设施建设角度看，良好的电力基础设施同样也是保障数字经济提高非农就业量，尤其是促进高技能劳动力非农就业，从而促成有效社会分工、优化非农就业结构的制度环境。

将表 7-2 的第（5）（6）列与表 7-1 的第（5）（6）列相比较可以看出，

---

① 除非特别交代，在研究制度环境时，为保证制度变量的相对外生性，均以相应变量的期初值为研究对象，并以期初均值为样本划分的依据。

尽管表7-2第（5）列的DID项系数估计的 $t$ 值为1.23，但不显著，与表7-2第（6）列的DID项系数的组间差异也小于表7-1中第（5）列和第（6）列的组间差异，说明对于保障高技能劳动力在城镇化过程中从事高技能偏向的数字化非农行业而言，在电力基础设施建设方面的制度优势的作用稍逊于电信基础设施建设方面的制度优势的作用，与电信基础设施对数字经济发展的促进作用更强，对保障产业互联网发展的作用更大、更直接有重要关系，符合直觉。

表7-2　制度环境：电力基础设施建设

| 被解释变量 | (1) | (2) | (3) | (4) | (5) | (6) |
|---|---|---|---|---|---|---|
| | 是否从事非农行业 | | 是否从事低技能偏向的数字化非农行业 | | 是否从事高技能偏向的数字化非农行业 | |
| | 全体农村劳动力 | | 农村低技能劳动力 | | 农村高技能劳动力 | |
| | 人均用电量高 | 人均用电量低 | 人均用电量高 | 人均用电量低 | 人均用电量高 | 人均用电量低 |
| DID | 0.076*** | 0.022 | 0.015 | 0.040 | 0.118 | −0.004 |
| | (0.024) | (0.023) | (0.033) | (0.038) | (0.096) | (0.129) |
| 个体特征 | 是 | 是 | 是 | 是 | 是 | 是 |
| 家庭特征 | 是 | 是 | 是 | 是 | 是 | 是 |
| 地区特征 | 是 | 是 | 是 | 是 | 是 | 是 |
| 个体固定效应 | 是 | 是 | 是 | 是 | 是 | 是 |
| 时间固定效应 | 是 | 是 | 是 | 是 | 是 | 是 |
| 观测数 | 14 529 | 14 124 | 4 102 | 4 688 | 515 | 415 |
| $R^2$ | 0.208 | 0.261 | 0.016 | 0.039 | 0.061 | 0.106 |
| DID项系数的组间差异比较的 $p$ 值 | 0.003 | | 0.163 | | 0.000 | |

## 7.1.2　增强软性基础设施建设

在软性基础设施方面，根据新结构经济学，软性基础设施主要指的是教育、金融、法律等制度安排。林毅夫（2011）指出，发达国家的政府非常重视资助大学里的基础研究，对新发明授予专利，补贴单个企业的研发活动，以此降低企业巨额的研发成本和风险。因此，政府加大对科学文化方面的投资制度安排，可以促进社会化再生产的发展。受此启发，本章用当地政府在科学方面的财政支出占地区生产总值的比重，作为政府软性基础设施投资的代理变量，以期初均值为界进行样本划分，检验政府在科学方面的财政支出占地区生产总值的比重越高，是否越能保障数字经济提高非农就业量，推动城镇化发展，以及促成这个过程中的有效社会分工，优化非农就业结构。表7-3第（1）（2）列表明，数字经济对非农就业的促进作用的确体现在科学方面的财政支出占地区生产总值比重高的组，但与占比低的组的差异不显著。

继续观察表7-3第（3）（4）列以及第（5）（6）列，可以看出，在科学方面的投资建设，对于数字经济促进高技能劳动力非农就业具有保障作用，即在对科学方面的投资获得了更多政府支持的制度优势地区，数字经济显著促进了高技能劳动力在城镇化过程中，从事高技能偏向的数字化非农行业。背后的原因是在科学方面的投资为生产发展提供了很好的科技、智力支撑，有助于形成创新氛围，促进当地的创新发展，显然能够推动数字技术进步，进一步推动以数字技术为基础的产业互联网的发展。因此，从软性基础设施建设角度看，加大对科学发展的投资是保障数字经济提高非农就业量，尤其是促进高技能劳动力非农就业，从而促进有效社会分工形成、优化非农就业结构的制度环境。

将表7-3的第（5）（6）列与表7-1的第（5）（6）列相比较可以看出，表7-3第（5）列DID项的系数不显著，与表7-3第（6）列DID项的系数组间差异小于表7-1中第（5）列和第（6）列的组间差异，说明对于保障高技能劳动力在城镇化过程中从事高技能偏向的数字化非农行业而言，在科学方面进行投资建设的制度优势的作用，稍逊于电信基础设施建设的制度优势的作用，与软性基础设施相对于硬性基础设施而言发挥作用较慢，且作用相对间接有重要关系，符合直觉。

表 7-3 制度环境：在科学方面的财政支出

| 被解释变量 | (1) | (2) | (3) | (4) | (5) | (6) |
|---|---|---|---|---|---|---|
| | 是否从事非农行业 | | 是否从事低技能偏向的数字化非农行业 | | 是否从事高技能偏向的数字化非农行业 | |
| | 全体农村劳动力 | | 农村低技能劳动力 | | 农村高技能劳动力 | |
| | 科学财政支出占地区GDP比重高 | 科学财政支出占地区GDP比重低 | 科学财政支出占地区GDP比重高 | 科学财政支出占地区GDP比重低 | 科学财政支出占地区GDP比重高 | 科学财政支出占地区GDP比重低 |
| DID | 0.036 | 0.025* | 0.031 | −0.037 | 0.083 | −0.075 |
| | (0.022) | (0.013) | (0.027) | (0.064) | (0.087) | (0.093) |
| 个体特征 | 是 | 是 | 是 | 是 | 是 | 是 |
| 家庭特征 | 是 | 是 | 是 | 是 | 是 | 是 |
| 地区特征 | 是 | 是 | 是 | 是 | 是 | 是 |
| 个体固定效应 | 是 | 是 | 是 | 是 | 是 | 是 |
| 时间固定效应 | 是 | 是 | 是 | 是 | 是 | 是 |
| 观测数 | 19 883 | 12 814 | 6 390 | 3 720 | 704 | 388 |
| $R^2$ | 0.203 | 0.260 | 0.028 | 0.020 | 0.083 | 0.193 |
| DID 项系数的组间差异比较的 $p$ 值 | 0.337 | | 0.000 | | 0.000 | |

　　至此，从保障社会化再生产过程持续发展的角度，本章已经完成了对于保障数字经济提高非农就业量以及优化非农就业结构的制度环境的分析。可以看出，软硬性基础设施的建设均是保障数字经济发挥作用的制度环境，但其中的硬性基础设施，尤其是能够显著促进数字经济发展的电信基础设施建设的作用更大。电信基础设施建设可以发挥正外部性，促进数字技术持续稳定地向生产过程渗透，显然有利于促进非农生产发展，保障数字经济的非农就业效应发挥，尤其是对于显著受益于产业互联网发展的高技能劳动力而言其作用更大，因而有利于有效社会分工的形成，优化非农就业结构。

# 7.2 保障劳动生产率持续提高

保障劳动生产率持续提高的制度环境对于保障数字经济提高非农就业量，推动城镇化发展，以及促成有效社会分工，优化非农就业结构具有一定作用。如前所述，这意味着这类制度环境能够减少数字经济在提高劳动生产率时可能面临的约束条件，帮助劳动力积累非农工作所需的素质，从而促进其非农就业，并促成过程中的有效社会分工，优化非农就业结构。

第6章的分析在一定程度上表明收入是阻碍劳动生产率提高的重要约束条件。根据北京师范大学收入分配研究院的抽样调查结果，月人均收入不足1 000元的群体中75.6%来自农村，学历在小学及以下的人群占比为43.7%，文盲占比为9.6%。这说明农民群体尤其是农民中文化水平较低的低技能劳动力面临着巨大的收入约束。因此，如果政府能够为农村劳动力提供更多有助于缓解其收入约束的制度供给，便能更加有效地与数字经济的作用形成互补，帮助农村劳动力积累从事非农工作所需的素质条件，提高劳动生产率，促进其非农就业。基于分析，在提供的有助于缓解农村劳动力收入约束的政策强度更大的地区，数字经济更有助于提高其劳动生产率，从而更加促进其非农就业。并且，由于农村低技能劳动力面临相对更大的收入约束，因此，在这种制度供给下，数字经济可以促进农村低技能劳动力非农就业，从而保障有效社会分工的形成，优化非农就业结构。

作为全社会福利的调节者，政府在缓解个体收入约束方面的政策工具包括两类：第一类是利用再分配工具，通过提供政府转移支付直接缓解个体收入约束；第二类是增加政府在与个体的衣食住行密切相关的民生领域的支出，通过政府支出的方式减轻个体支付压力，从而间接缓解个体收入约束。尤其对于向非农行业流动的农村劳动力而言，政府通过实施包容性的财政支出等方式，最大可能降低这部分劳动力在城市工作甚至长期居住的成本，这对于促进其更加顺畅、持续地向非农行业流动尤为重要。

## 7.2.1 直接缓解收入约束：增加政府转移支付

表7-4第（1）（2）列分别展示了在获得政府转移收入高低不同的两组中，非农就业对数字经济发展状况的回归结果，可以看出两列中数字经济的系数并没有表现出显著差异，原因是不同技能类型的劳动力面临的收入约束不同，因此政府通过转移支付缓解劳动力的收入约束，并不是数字经济促进所有技能类型劳动力流向非农行业的重要保障，保障作用主要适用于面对更大收入约束的低技能劳动力。从表7-4第（3）至（6）列可以看出，数字经济对低技能劳动力在城镇化过程中，从事低技能偏向的数字化非农行业的促进作用，在获得政府转移收入程度不同的两组中差异显著，但对于高技能劳动力从事高技能偏向的数字化非农行业的促进作用的组间差异不显著，说明增加政府转移支付对于数字经济促进低技能劳动力非农就业的保障作用更大。因此，增加政府转移支付以缓解个体收入约束的政策，是保障数字经济的非农就业效应发挥，尤其是促进低技能劳动力非农就业从而促进社会分工、优化非农就业结构的好的制度环境。

表 7-4 制度环境：增加政府转移支付

| 被解释变量 | (1) | (2) | (3) | (4) | (5) | (6) |
|---|---|---|---|---|---|---|
| | 是否从事非农行业 | | 是否从事低技能偏向的数字化非农行业 | | 是否从事高技能偏向的数字化非农行业 | |
| | 全体农村劳动力 | | 农村低技能劳动力 | | 农村高技能劳动力 | |
| | 政府转移收入高 | 政府转移收入低 | 政府转移收入高 | 政府转移收入低 | 政府转移收入高 | 政府转移收入低 |
| DID | 0.022 | 0.030 | 0.038* | 0.019 | 0.119 | 0.180 |
| | (0.021) | (0.021) | (0.022) | (0.031) | (0.110) | (0.110) |
| 个体特征 | 是 | 是 | 是 | 是 | 是 | 是 |
| 家庭特征 | 是 | 是 | 是 | 是 | 是 | 是 |
| 地区特征 | 是 | 是 | 是 | 是 | 是 | 是 |
| 个体固定效应 | 是 | 是 | 是 | 是 | 是 | 是 |
| 时间固定效应 | 是 | 是 | 是 | 是 | 是 | 是 |

| 被解释变量 | （1） | （2） | （3） | （4） | （5） | （6） |
|---|---|---|---|---|---|---|
| | 是否从事非农行业 | | 是否从事低技能偏向的数字化非农行业 | | 是否从事高技能偏向的数字化非农行业 | |
| | 全体农村劳动力 | | 农村低技能劳动力 | | 农村高技能劳动力 | |
| | 政府转移收入高 | 政府转移收入低 | 政府转移收入高 | 政府转移收入低 | 政府转移收入高 | 政府转移收入低 |
| 观测数 | 18 921 | 13 234 | 6 130 | 4 349 | 706 | 423 |
| $R^2$ | 0.215 | 0.251 | 0.018 | 0.046 | 0.071 | 0.263 |
| DID 项系数的组间差异比较的 $p$ 值 | 0.350 | | 0.088 | | 0.443 | |

但是，表7-4尚无法体现直接针对低收入家庭政策的作用，下面进一步对"是否收到了包容性转移支付"的变量针对低收入家庭的包容性政策的作用进行研究。如果一个家庭的收入位于均值以下，但是收到的政府转移支付却位于均值以上，本节将这种家庭视作收到了包容性转移支付，否则为未收到包容性转移支付。可以猜想，如果个体所在家庭收到了包容性转移支付，那么数字经济便能促进这类个体非农就业，尤其对于面临更大收入约束的低技能劳动力而言。表7-5第（1）（2）列对此进行了验证。数字经济显著促进了位于收到了包容性转移支付的家庭中的个体从事非农工作，且作用与未收到家庭中的个体组间差异显著，即使此时并没有区分不同的技能类型，但是相较于表7-4第（1）（2）列、表7-5第（1）（2）列的数字经济系数的组间差异显著的原因，在于相较于表7-4第（1）列收到的政府转移收入高于均值的个体，表7-5第（1）列收到了包容性转移支付家庭中的个体，在收到转移支付之前或许面临更大的收入约束，即后者中包含了更多的低技能劳动力，却又接受了更多的转移支付，那么政府转移支付对缓解这部分劳动力的收入约束的作用更大，从而保障了数字经济对这部分劳动力非农就业的促进作用。这可以解释表7-4第（3）至（6）列表明政府的包容性转移支付，对于数字经济促进低技能劳动力非农就业的保障作用更大，加强了我们对于增加政府转移支付

是保障数字经济提高非农就业量，尤其是促进低技能劳动力非农就业从而促进社会分工、优化非农就业结构的好的制度环境结论的认识。

表7-5　制度环境：给予包容性转移支付

| 被解释变量 | （1） | （2） | （3） | （4） | （5） | （6） |
|---|---|---|---|---|---|---|
| | 是否从事非农行业 | | 是否从事低技能偏向的数字化非农行业 | | 是否从事高技能偏向的数字化非农行业 | |
| | 全体农村劳动力 | | 农村低技能劳动力 | | 农村高技能劳动力 | |
| | 收到了包容性转移支付 | 未收到包容性转移支付 | 收到了包容性转移支付 | 未收到包容性转移支付 | 收到了包容性转移支付 | 未收到包容性转移支付 |
| DID | 0.047* | 0.021 | 0.088** | 0.017 | 0.273 | 0.146* |
| | （0.026） | （0.014） | （0.038） | （0.024） | （0.326） | （0.086） |
| 个体特征 | 是 | 是 | 是 | 是 | 是 | 是 |
| 家庭特征 | 是 | 是 | 是 | 是 | 是 | 是 |
| 地区特征 | 是 | 是 | 是 | 是 | 是 | 是 |
| 个体固定效应 | 是 | 是 | 是 | 是 | 是 | 是 |
| 时间固定效应 | 是 | 是 | 是 | 是 | 是 | 是 |
| 观测数 | 11 096 | 21 059 | 3 225 | 7 254 | 269 | 860 |
| $R^2$ | 0.363 | 0.199 | 0.052 | 0.032 | 0.334 | 0.089 |
| DID项系数的组间差异比较的$p$值 | 0.038 | | 0.002 | | 0.650 | |

实际上，利用再分配工具增加政府转移支付其实是从"开源"的角度直接缓解了个体的收入约束。

## 7.2.2　间接缓解收入约束：降低向城市流动的成本

对于具有收入约束的农村劳动力而言，尽管城市具有更好的非农就业机会，但城市的整体生活成本相对农村而言也更高了，从而可能抑制农村劳动力增加对自身素质的投资，降低农村劳动力的劳动生产率，不利于其持续从事非农行业。因此，本节将从在城市工作甚至长期居住的成本角度出发，探讨政府为缓解个体的这些成本压力所实施的相关政策, 能否保障数字经济提高非农就业量作用的发挥, 尤其是促进面临更大收入约束的低技能劳动力非农就业, 以保障数字经济促进城镇化发展过程中的有效社会分工形成、优化非农就业结构。

### 7.2.2.1 降低直接的工作成本

对于在城市工作的直接成本而言, 政府可以通过增加在就业、社会保障等方面的财政支出降低劳动者在非农工作方面的直接成本, 以此吸引更多农村劳动力从事非农工作。因此, 在政府对于就业、社会保障等方面的财政支出更多的地区, 数字经济对农村劳动力非农就业的促进作用更大, 尤其是对于面临更大收入约束的农村低技能劳动力而言。表 7-6 对此进行检验。

表 7-6  制度环境: 降低直接的工作成本 (客观)

| 被解释变量 | (1) | (2) | (3) | (4) | (5) | (6) |
|---|---|---|---|---|---|---|
| | 是否从事非农行业 | | 是否从事低技能偏向的数字化非农行业 | | 是否从事高技能偏向的数字化非农行业 | |
| | 全体农村劳动力 | | 农村低技能劳动力 | | 农村高技能劳动力 | |
| | 社保和就业财政支出占地区 GDP 比重高 | 社保和就业财政支出占地区 GDP 比重低 | 社保和就业财政支出占地区 GDP 比重高 | 社保和就业财政支出占地区 GDP 比重低 | 社保和就业财政支出占地区 GDP 比重高 | 社保和就业财政支出占地区 GDP 比重低 |
| DID | 0.055 $^*$ | 0.022 | 0.033 | 0.020 | −0.021 | 0.111 |
| | (0.028) | (0.023) | (0.028) | (0.030) | (0.106) | (0.099) |
| 个体特征 | 是 | 是 | 是 | 是 | 是 | 是 |
| 家庭特征 | 是 | 是 | 是 | 是 | 是 | 是 |
| 地区特征 | 是 | 是 | 是 | 是 | 是 | 是 |
| 个体固定效应 | 是 | 是 | 是 | 是 | 是 | 是 |
| 时间固定效应 | 是 | 是 | 是 | 是 | 是 | 是 |
| 观测数 | 22 700 | 12 733 | 6 571 | 4 010 | 611 | 524 |
| $R^2$ | 0.258 | 0.201 | 0.020 | 0.038 | 0.087 | 0.093 |
| DID 项系数的组间差异比较的 $p$ 值 | 0.026 | | 0.100 | | 0.000 | |

表 7-6 第（1）（2）列表明，在社保和就业方面的财政支出占地区 GDP 的比重高于均值的地区，数字经济对非农就业的促进作用更加显著，且与低于均值地区的差异显著，即政府增加在就业和社保方面的财政支出保障了数字经济对非农就业的促进作用。第（3）至（6）列表明，政府增加在就业和社保方面财政支出的上述保障作用，主要体现在面对更大收入约束的低技能劳动力群体中。可以发现，在社保和就业方面的财政支出占地区 GDP 的比重低于均值的地区，数字经济反而对高技能劳动力在城镇化过程中从事高技能偏向的数字化非农行业具有促进作用。

这一发现具有很强的经济学含义，意味着政府在社保和就业方面的财政支出起到了筛选机制的作用，即社保和就业方面的财政支出较少的地区可以阻止面对更强收入约束的低技能劳动力的进城意愿，由此减少了高技能劳动力面临的潜在竞争者。此外，基于收入的选择效应使高技能劳动力身边围绕着更多高收入的高技能人群，有助于集聚效应和同群效应的发挥。例如，高技能劳动力工作或生活地区的治安、商超服务等都会更好，周围人的生活、工作和学习习惯等也会更接近，因而更加有利于高技能劳动力在城镇化过程中从事高技能偏向的数字化非农行业。

总而言之，政府增加在社保和就业方面的财政支出，以降低农村劳动力从事非农工作的直接成本是保障数字经济提高非农就业量作用的发挥，尤其是促进低技能劳动力非农就业，从而促进社会分工、优化非农就业结构的好的制度环境。

为加强上述结论的稳健性，本节进一步从主观角度衡量当地政府在社会保障和就业方面的投入情况。CFPS 成人问卷询问了受访者认为的社会保障、就业等问题的严重程度，从 0 到 10，数字越大，表示受访者认为这些问题越严重。本节将评分高于均值的地区视为问题严重地区，低于均值的地区则为不严重的地区。

从表 7-7A 第（1）（2）列和 B 第（1）（2）列可以看出，在社保或就业问题严重的地区，数字经济抑制了非农就业，而在社保或就业问题不严重的地区，数字经济则对非农就业具有轻微地促进作用，说明社保或就业问题的缓解对于保障数字经济促进非农就业的重要作用。表 7-7A 第（3）至（6）

列和 B 第（3）至（6）列表明，表 7-7A 第（1）（2）列和 B 第（1）（2）列所示的规律主要体现在农村低技能劳动力中。并且，表 7-7A 第（5）（6）列和 B 第（5）（6）列仍然表明社保或就业问题的严重程度充当了筛选机制的作用：社保或就业问题越严重，意味着当地政府可能用于社保或就业方面的投资越少，劳动力需要自己负担更大的开支用于社保或就业，因而降低了面临更大收入约束的农村低技能劳动力从事非农工作的热情，减少了对非农行业的进入，使得在社保或就业问题严重的地区，反而更能保证数字经济对农村高技能劳动力在城镇化过程中，从事高技能偏向的数字化非农行业的促进作用，这与在表 7-6 中的发现相一致①。

表 7-7　制度环境：降低直接的工作成本（主观）

A：社保问题严重程度

| 被解释变量 | (1) | (2) | (3) | (4) | (5) | (6) |
|---|---|---|---|---|---|---|
| | 是否从事非农行业 | | 是否从事低技能偏向的数字化非农行业 | | 是否从事高技能偏向的数字化非农行业 | |
| | 全体农村劳动力 | | 农村低技能劳动力 | | 农村高技能劳动力 | |
| | 社保问题严重 | 社保问题不严重 | 社保问题严重 | 社保问题不严重 | 社保问题严重 | 社保问题不严重 |
| DID | -0.021* | 0.006 | -0.019 | 0.053 | 0.139 | — |
| | (0.012) | (0.022) | (0.032) | (0.035) | (0.095) | |
| 个体特征 | 是 | 是 | 是 | 是 | 是 | |
| 家庭特征 | 是 | 是 | 是 | 是 | 是 | |
| 地区特征 | 是 | 是 | 是 | 是 | 是 | |
| 个体固定效应 | 是 | 是 | 是 | 是 | 是 | |
| 时间固定效应 | 是 | 是 | 是 | 是 | 是 | — |

① 由于受访者对就业和社会保障问题进行评价的回答率较低，因此表 7-7A 第（6）列和 B 第（6）列两个回归中的观测数普遍减少了，使得两列中 DID 项的系数未能估计出来。但由于在表 7-7A 第（5）列和 B 第（5）列中，即在社保或就业问题严重的地区，数字经济的发展都轻微促进了高技能劳动力在城镇化过程中，从事高技能偏向的数字化非农行业，与表 7-6 第（6）列的结论类似，并不影响本节的主要结论。

续表

| 被解释变量 | (1) | (2) | (3) | (4) | (5) | (6) |
|---|---|---|---|---|---|---|
| | 是否从事非农行业 | | 是否从事低技能偏向的数字化非农行业 | | 是否从事高技能偏向的数字化非农行业 | |
| | 全体农村劳动力 | | 农村低技能劳动力 | | 农村高技能劳动力 | |
| | 社保问题严重 | 社保问题不严重 | 社保问题严重 | 社保问题不严重 | 社保问题严重 | 社保问题不严重 |
| 观测数 | 15 400 | 10 703 | 4 153 | 2 405 | 704 | — |
| $R^2$ | 0.009 | 0.022 | 0.035 | 0.049 | 0.119 | — |
| DID 项系数的组间差异比较的 $p$ 值 | 0.000 | | 0.000 | | — | |

B：就业问题严重程度

| 被解释变量 | (1) | (2) | (3) | (4) | (5) | (6) |
|---|---|---|---|---|---|---|
| | 是否从事非农行业 | | 是否从事低技能偏向的数字化非农行业 | | 是否从事高技能偏向的数字化非农行业 | |
| | 全体农村劳动力 | | 农村低技能劳动力 | | 农村高技能劳动力 | |
| | 就业问题严重 | 就业问题不严重 | 就业问题严重 | 就业问题不严重 | 就业问题严重 | 就业问题不严重 |
| DID | -0.013 (0.016) | 0.015 (0.021) | -0.016 (0.034) | 0.012 (0.037) | 0.190* (0.101) | — |
| 个体特征 | 是 | 是 | 是 | 是 | 是 | — |
| 家庭特征 | 是 | 是 | 是 | 是 | 是 | — |
| 地区特征 | 是 | 是 | 是 | 是 | 是 | — |
| 个体固定效应 | 是 | 是 | 是 | 是 | 是 | — |
| 时间固定效应 | 是 | 是 | 是 | 是 | 是 | — |
| 观测数 | 14 302 | 11 767 | 3 920 | 2 671 | 675 | — |
| $R^2$ | 0.015 | 0.015 | 0.040 | 0.143 | 0.161 | — |
| DID 项系数的组间差异比较的 $p$ 值 | 0.000 | | 0.000 | | — | |

以上分析了降低直接的工作成本的制度环境对于数字经济提高非农就业量，推动城镇化发展，以及促成这一过程中的有效社会分工，优化非农就业结构的保障作用。

对于在城市长期居住的成本而言，教育、医疗、住房等成本尤为重要。2020年10月，恒大研究院发布了《中国生育报告2020》（以下简称"《生育报告》"），《生育报告》显示，1997—2019年中国公立幼儿园在读人数比例从95%降至44%，公立幼儿园供给严重不足；1995—2018年居民医疗保健支出上涨27倍；2004—2018年房贷收入比从17%增至48%。这三方面成本构成了流动劳动者在城市长期居住的重要成本。因此，本节主要从这三方面成本入手，探讨政府为减轻个体的成本压力实施的相关政策，是否有助于保障数字经济提高非农就业量，尤其是促进面临更大收入约束的低技能劳动力从事低技能偏向的非农工作，从而保障数字经济促成城镇化发展过程中的有效社会分工、优化非农就业结构。

### 7.2.2.2　降低教育成本

研究政府为降低教育成本实施的相关政策的作用。从现实看，在户籍制度的限制下，教育资源的短缺以及教育成本的高企，使得子女处于义务教育阶段的农村劳动力在向城市的流动过程中面临较大的教育成本（例如，择校费）。由于照顾孩子的需要，阻碍了农村劳动力带着孩子一起流动至城市从事非农工作，不利于非农就业的持续推进。因此，对于农村劳动力而言，政府加大对义务教育阶段的财政支出，对于保障数字经济促进其非农就业具有重要作用。政府通过直接加强义务教育投资的方式可以降低家庭的教育成本，相当于增加了教育供给，在教育需求不变的情况下，教育的价格会相应下降。在义务教育水平高、政府对教育的投资力度大的地区，农村劳动力的孩子获取高质量教育的成本得以下降，更有可能随父母一起流动至城市，减轻父母的后顾之忧，提高父母非农就业的持续性、稳定性，即政府在教育方面的投资有助于保障数字经济持续促进农村劳动力非农就业，并且对于面临更大收入约束的农村低技能劳动力的非农就业的促进作用更大，因而能够保障数字经济促成有效社会分工、优化非农就业结构。

义务教育阶段学校要素（如学校、教师、学生）的数量和质量主要是由政府提供的教育供给。根据以往研究，学校要素的数量和质量对儿童的人力资本具有直接影响（Duflo，2001；Aaronson and Mazumder，2011；Neilson and Zimmerman，2014；汪德华等，2019），从而影响父母的教育支出。因此本节将分别从政府优化义务教育阶段学校要素的数量和质量角度出发，研究政府加强义务教育供给、降低教育成本的举措，对于保障数字经济促进农村劳动力非农就业以及促成有效社会分工、优化非农就业结构的重要性。

（1）学校要素的数量方面。从表7-8A，B和C三个表的第（1）（2）列可以看出，数字经济对非农就业的促进作用主要体现在小学和中学的学校、学生、教师总数分别在全市大中小学学校、学生、教师总数中占比高于均值（意味着当地政府对义务教育阶段学校要素数量的投资力度更大）的地区，且与低于均值的地区差异显著。

表7-8 制度环境：增加义务教育阶段学校要素数量

A：小学中学学校占比

| 被解释变量 | (1) | (2) | (3) | (4) | (5) | (6) |
|---|---|---|---|---|---|---|
| | 是否从事非农行业 | | 是否从事低技能偏向的数字化非农行业 | | 是否从事高技能偏向的数字化非农行业 | |
| | 全体农村劳动力 | | 农村低技能劳动力 | | 农村高技能劳动力 | |
| | 小学中学学校占比高 | 小学中学学校占比低 | 小学中学学校占比高 | 小学中学学校占比低 | 小学中学学校占比高 | 小学中学学校占比低 |
| DID | 0.044* | 0.010 | 0.052* | -0.012 | -0.007 | 0.178 |
| | (0.024) | (0.021) | (0.027) | (0.027) | (0.095) | (0.112) |
| 个体特征 | 是 | 是 | 是 | 是 | 是 | 是 |
| 家庭特征 | 是 | 是 | 是 | 是 | 是 | 是 |
| 地区特征 | 是 | 是 | 是 | 是 | 是 | 是 |
| 个体固定效应 | 是 | 是 | 是 | 是 | 是 | 是 |
| 时间固定效应 | 是 | 是 | 是 | 是 | 是 | 是 |
| 观测数 | 21 587 | 21 783 | 6, 52 | 3 662 | 617 | 490 |

续表

| 被解释变量 | （1） | （2） | （3） | （4） | （5） | （6） |
|---|---|---|---|---|---|---|
| | 是否从事非农行业 | | 是否从事低技能偏向的数字化非农行业 | | 是否从事高技能偏向的数字化非农行业 | |
| | 全体农村劳动力 | | 农村低技能劳动力 | | 农村高技能劳动力 | |
| | 小学中学学校占比高 | 小学中学学校占比低 | 小学中学学校占比高 | 小学中学学校占比低 | 小学中学学校占比高 | 小学中学学校占比低 |
| $R^2$ | 0.201 | 0.180 | 0.019 | 0.044 | 0.050 | 0.093 |
| DID 项系数的组间差异比较的 $p$ 值 | 0.035 | | 0.000 | | 0.000 | |

B：小学中学学生占比

| 被解释变量 | （1） | （2） | （3） | （4） | （5） | （6） |
|---|---|---|---|---|---|---|
| | 是否从事非农行业 | | 是否从事低技能偏向的数字化非农行业 | | 是否从事高技能偏向的数字化非农行业 | |
| | 全体农村劳动力 | | 农村低技能劳动力 | | 农村高技能劳动力 | |
| | 小学中学学生占比高 | 小学中学学生占比低 | 小学中学学生占比高 | 小学中学学生占比低 | 小学中学学生占比高 | 小学中学学生占比低 |
| DID | 0.116*** | 0.026 | 0.122*** | 0.014 | — | 0.096 |
| | (0.029) | (0.021) | (0.028) | (0.025) | — | (0.074) |
| 个体特征 | 是 | 是 | 是 | 是 | — | 是 |
| 家庭特征 | 是 | 是 | 是 | 是 | — | 是 |
| 地区特征 | 是 | 是 | 是 | 是 | — | 是 |
| 个体固定效应 | 是 | 是 | 是 | 是 | — | 是 |
| 时间固定效应 | 是 | 是 | 是 | 是 | — | 是 |
| 观测数 | 13 971 | 21 394 | 4 164 | 6 406 | — | 778 |
| $R^2$ | 0.279 | 0.193 | 0.031 | 0.023 | — | 0.044 |
| DID 项系数的组间差异比较的 $p$ 值 | 0.000 | | 0.000 | | — | |

续表

| C：小学中学教师占比 | | | | | | |
|---|---|---|---|---|---|---|
| | （1） | （2） | （3） | （4） | （5） | （6） |
| 被解释变量 | 是否从事非农行业 | | 是否从事低技能偏向的数字化非农行业 | | 是否从事高技能偏向的数字化非农行业 | |
| | 全体农村劳动力 | | 农村低技能劳动力 | | 农村高技能劳动力 | |
| | 小学中学教师占比高 | 小学中学教师占比低 | 小学中学教师占比高 | 小学中学教师占比低 | 小学中学教师占比高 | 小学中学教师占比低 |
| DID | 0.133*** | 0.023 | 0.159*** | 0.012 | — | 0.108 |
| | (0.030) | (0.021) | (0.059) | (0.024) | — | (0.074) |
| 个体特征 | 是 | 是 | 是 | 是 | — | 是 |
| 家庭特征 | 是 | 是 | 是 | 是 | — | 是 |
| 地区特征 | 是 | 是 | 是 | 是 | — | 是 |
| 个体固定效应 | 是 | 是 | 是 | 是 | — | 是 |
| 时间固定效应 | 是 | 是 | 是 | 是 | — | 是 |
| 观测数 | 13 598 | 21 680 | 4 016 | 6 534 | — | 808 |
| $R^2$ | 0.280 | 0.193 | 0.037 | 0.022 | — | 0.038 |
| DID 项系数的组间差异比较的 $p$ 值 | 0.000 | | 0.000 | | — | |

这个发现背后的经济学解释是：一方面，义务教育阶段的学校要素数量越多，越能增加儿童的入学机会；另一方面，学校要素数量越多，越能发挥教育的规模经济效应，比如，学校、教师以及学生数量的增多均通过学习效应或竞争效应改善教育质量，有助于降低农村劳动力让孩子在城市接受义务教育的成本，从而增强农村劳动力在城市从事非农工作的稳定性，说明了政府增加在义务教育阶段学校要素数量方面的投资，减轻农村劳动力的教育支付压力，对于数字经济持续提高农村劳动力非农就业量的重要保障作用。

将表 7-8A 第（3）（4）列与表 7-8A 第（5）（6）列，表 7-8B 第

（3）（4）列与表7-8B第（5）（6）列，以及表7-8C第（3）（4）列与表7-8C第（5）（6）列对比①，可以发现，政府增加在义务教育阶段学校要素数量方面的投资，上述保障作用主要体现在面对更大收入约束的低技能劳动力群体中，与表7-6和表7-7观察到的现象类似，在小学和中学学校数量占比低的地区，数字经济反而轻微促进了高技能劳动力非农就业。

根据赵颖和石智雷（2017），基于户籍制度以及经济地位的向下歧视是在城镇集聚过程中存在的两类优质资源向下歧视。一方面，制度（比如，户籍制度）本身能确保获得优质教育资源；另一方面，也可以借助资本，通过市场购买优质教育资源或者通过寻租获得户籍制度从而获得优质教育资源。高技能劳动力在两方面均具有优势：一方面高技能劳动力可以凭借自身技能优势获得城市户籍，从而免去了择校费等户籍歧视性的教育成本；另一方面，在教育回报率的规律作用下，高技能劳动力本身面临的收入约束较小，对教育资源的购买能力较强，使得政府对于义务教育资源的投入对缓解高技能劳动力收入约束的作用甚微，即义务教育资源的稀缺性也起到了筛选机制的作用，政府对义务教育投资较少的地区阻碍了教育支付能力差的低技能劳动力的进城意愿，自然减少了高技能劳动力面临的潜在竞争者，因而更加有利于高技能劳动力非农就业。总而言之，政府增加在义务教育阶段学校要素数量方面的投资，以降低农村劳动力的教育支付成本，是保障数字经济提高非农就业量，尤其是促进低技能劳动力非农就业，从而促进社会分工、优化非农就业结构的好的制度环境。

（2）在学校要素的质量或结构方面。表7-9A第（1）（2）列以及B第（1）（2）列分别以小学和中学的师生比（教师数/在校学生数），以及校生比（学校数/在校学生数×1 000）为分组依据进行分组回归的结果，可以看出，数字经济对非农就业的促进作用主要体现在师生比或校生比高于均值（意味着当地政府对义务教育阶段学校要素质量的投资力度更大）的地区，且与低

---

① 由于样本量不足，表7-8B第（5）列和C第（5）列中DID项的系数未能估计出来，但由于在表7-8B（6）列和C的第（6）列中，即义务教育阶段的学生或教师占比较少的地区，数字经济的发展同样轻微促进了高技能劳动力在城镇化过程中从事高技能偏向的数字化非农行业。这与表7-8A第（6）列的结论类似，并不影响本节的主要结论。

于均值的地区的差异显著，从义务教育资源的优化配置角度，体现了政府加大对义务教育阶段教师和学校数量供给的重要性。

**表7-9 制度环境：提高义务教育阶段学校要素质量**

A：校生比

| 被解释变量 | (1) | (2) | (3) | (4) | (5) | (6) |
|---|---|---|---|---|---|---|
| | 是否从事非农行业 | | 是否从事低技能偏向的数字化非农行业 | | 是否从事高技能偏向的数字化非农行业 | |
| | 全体农村劳动力 | | 农村低技能劳动力 | | 农村高技能劳动力 | |
| | 校生比高 | 校生比低 | 校生比高 | 校生比低 | 校生比高 | 校生比低 |
| DID | 0.050** | 0.035 | 0.043* | -0.002 | 0.036 | 0.127 |
| | (0.024) | (0.024) | (0.025) | (0.029) | (0.101) | (0.116) |
| 个体特征 | 是 | 是 | 是 | 是 | 是 | 是 |
| 家庭特征 | 是 | 是 | 是 | 是 | 是 | 是 |
| 地区特征 | 是 | 是 | 是 | 是 | 是 | 是 |
| 个体固定效应 | 是 | 是 | 是 | 是 | 是 | 是 |
| 时间固定效应 | 是 | 是 | 是 | 是 | 是 | 是 |
| 观测数 | 22 311 | 13 122 | 7 046 | 3 535 | 673 | 462 |
| $R^2$ | 0.219 | 0.254 | 0.021 | 0.034 | 0.102 | 0.131 |
| DID项系数的组间差异比较的$p$值 | 0.078 | | 0.000 | | 0.335 | |

B：师生比

| 被解释变量 | (1) | (2) | (3) | (4) | (5) | (6) |
|---|---|---|---|---|---|---|
| | 是否从事非农行业 | | 是否从事低技能偏向的数字化非农行业 | | 是否从事高技能偏向的数字化非农行业 | |
| | 全体农村劳动力 | | 农村低技能劳动力 | | 农村高技能劳动力 | |
| | 师生比高 | 师生比低 | 师生比高 | 师生比低 | 师生比高 | 师生比低 |
| DID | 0.048** | 0.017 | 0.049* | 0.013 | 0.067 | 0.173 |
| | (0.024) | (0.024) | (0.025) | 0.043 | (0.077) | (0.135) |

续表

| 被解释变量 | (1) | (2) | (3) | (4) | (5) | (6) |
|---|---|---|---|---|---|---|
| | 是否从事非农行业 | | 是否从事低技能偏向的数字化非农行业 | | 是否从事高技能偏向的数字化非农行业 | |
| | 全体农村劳动力 | | 农村低技能劳动力 | | 农村高技能劳动力 | |
| | 师生比高 | 师生比低 | 师生比高 | 师生比低 | 师生比高 | 师生比低 |
| 个体特征 | 是 | 是 | 是 | 是 | 是 | 是 |
| 家庭特征 | 是 | 是 | 是 | 是 | 是 | 是 |
| 地区特征 | 是 | 是 | 是 | 是 | 是 | 是 |
| 个体固定效应 | 是 | 是 | 是 | 是 | 是 | 是 |
| 时间固定效应 | 是 | 是 | 是 | 是 | 是 | 是 |
| 观测数 | 22 313 | 13 120 | 6 501 | 4 080 | 673 | 462 |
| $R^2$ | 0.207 | 0.264 | 0.026 | 0.051 | 0.048 | 0.174 |
| DID 项系数的组间差异比较的 $p$ 值 | 0.030 | | 0.074 | | 0.203 | |

这一现象的经济学解释是，政府提供的义务教育质量的提升增强了农村劳动力让孩子随其一起流动至城市接受教育的可能性，因而能够持续吸引农村劳动力在城市从事非农工作，说明政府增加在义务教育阶段学校要素质量方面的投资，增强农村劳动力为其子女持续在城市接受教育的支付意愿，对于保障数字经济持续发挥对农村劳动力非农就业的促进作用具有重要意义。

将表 7-9A 第（3）（4）列与 A 第（5）（6）列，B 第（3）（4）列与 B 第（5）（6）列对比，可以发现，政府增加在义务教育阶段学校要素质量方面投资的保障作用，仍然主要体现在面对更大收入约束的低技能劳动力群体中。并且，政府在对义务教育阶段的学校要素质量方面的投资起到了类似于筛选机制的作用，反而在学校数量或教师数量相对于学生数量而言低于均值的地区，数字经济更加促进了高技能劳动力在城镇化过程中，从事高技能偏向的数字化非农行业。因为即使学校数量或教师数量相对较少，但是高技能劳动力本身具有很高的知识水平，可以对子女进行辅导，因此并不会阻碍让其子女继续在城市接受教育，自然不会阻碍其继续在城市从事非农工作。但是对于受限于自身知识水平与收入水平，从而严重依赖于学校教育资源的低技能劳动力而言，学校数量或教师数量的相对欠缺可能引起的教育质量下降，会在一定程度上降低低技能劳动力对其子女在城市接受教育的支付意愿，从而影响其非农就业的持续性，因此也相对降低了高技能劳动力面临的潜在竞争威胁，更加有利于高技能劳动力非农就业。总而言之，政府增加在义务教育阶段学校要素质量方面的投资是保障数字经济提高非农就业量，尤其是促进低技能劳动力非农就业，从而促进社会分工、优化非农就业结构的好的制度环境。

表7-8和表7-9蕴含的经济学含义是，政府加大对义务教育阶段学校要素的数量和质量的投资，对于缓解农村劳动力的收入约束，保障数字经济对其非农就业，尤其是对低技能劳动力非农就业的促进作用具有重要意义，因而也保障了数字经济在推动城镇化发展的过程中能够促成有效社会分工，优化非农就业结构。如果进一步将表7-8A，B，C所示的对于政府加大对义务教育阶段学校要素数量的保障作用的检验，与表7-9A，B，C所示的对于政府加大对义务教育阶段学校要素质量的保障作用的检验进行对比，可以看出，以代表学校要素数量的变量为分组依据时，不同组的组间差异更为显著，说明在保障数字经济提高农村劳动力非农就业量，尤其是促进低技能劳动力非农就业方面，学校要素的数量比质量更为重要，因为相对于教育质量的提升，直接增加农村劳动力子女在城市接受义务教育的机会，从而直接降低教育成本，对于面临较大收入约束的农村劳动力而言更为重要，符合直觉。

除了通过直接加强义务教育，政府增加在教育方面的财政支出也可以降低农村劳动力的教育支出成本。从表7-10第（1）（2）列可以看出，数字经济对非农就业的促进作用主要体现在教育财政支出占地区GDP比重高于均值的地区，再次表明政府增加在教育方面的投入，减轻农村劳动力的教育支付压力对于维护数字经济的非农就业效应具有保障作用，将表7-10的第（3）（4）列与表7-10的第（5）（6）列对比，可以发现，政府增加在教育方面的财政支出的上述保障作用，仍然主要体现在面对更大收入约束的低技能劳动力群体中。并且，政府在教育方面的财政支出也起到了类似于筛选机制的作用，即在教育方面的财政支出占地区 GDP 比重低于均值的地区，数字经济反而更加促进了高技能劳动力在城镇化过程中，从事高技能偏向的数字化非农行业，进一步支持了表 7-8 和表 7-9 所表示的从政府对义务教育要素直接加强的角度进行分析时所得出的结论的稳健性。值得注意的是，与从政府对义务教育的直接加强角度进行的分析略有不同的是，政府增加在教育方面的财政支出，不仅可以缓解用于儿童教育的成本从而提高非农就业量，也能够通过为社会创造更便利的受教育条件，更浓厚的学习氛围，通过示范效应或同群效应促进农村劳动力增加对自身人力资本的投资，从而提高其劳动生产率，促进其非农就业。并且由于低技能劳动力本身的技能水平较低，相较于高技能劳动力，政府对教育财政支出的增加其受益更大，再次保障了数字经济促成有效社会分工从而优化非农就业结构的作用发挥。

表 7-10 制度环境：加大教育财政支出

| 被解释变量 | (1) | (2) | (3) | (4) | (5) | (6) |
|---|---|---|---|---|---|---|
| | 是否从事非农行业 | | 是否从事低技能偏向的数字化非农行业 | | 是否从事高技能偏向的数字化非农行业 | |
| | 全体农村劳动力 | | 农村低技能劳动力 | | 农村高技能劳动力 | |
| | 教育财政支出占地区 GDP 比重高 | 教育财政支出占地区 GDP 比重低 | 教育财政支出占地区 GDP 比重高 | 教育财政支出占地区 GDP 比重低 | 教育财政支出占地区 GDP 比重高 | 教育财政支出占地区 GDP 比重低 |
| DID | 0.043 | 0.026 | 0.053 ** | −0.013 | −0.033 | 0.309 ** |
| | (0.029) | (0.018) | (0.024) | (0.026) | (0.092) | (0.123) |
| 个体特征 | 是 | 是 | 是 | 是 | 是 | 是 |
| 家庭特征 | 是 | 是 | 是 | 是 | 是 | 是 |
| 地区特征 | 是 | 是 | 是 | 是 | 是 | 是 |
| 个体固定效应 | 是 | 是 | 是 | 是 | 是 | 是 |
| 时间固定效应 | 是 | 是 | 是 | 是 | 是 | 是 |
| 观测数 | 23 123 | 12 310 | 6 839 | 3 742 | 629 | 506 |

| 被解释变量 | （1） | （2） | （3） | （4） | （5） | （6） |
|---|---|---|---|---|---|---|
| | 是否从事非农行业 | | 是否从事低技能偏向的数字化非农行业 | | 是否从事高技能偏向的数字化非农行业 | |
| | 全体农村劳动力 | | 农村低技能劳动力 | | 农村高技能劳动力 | |
| | 教育财政支出占地区 GDP 比重高 | 教育财政支出占地区 GDP 比重低 | 教育财政支出占地区 GDP 比重高 | 教育财政支出占地区 GDP 比重低 | 教育财政支出占地区 GDP 比重高 | 教育财政支出占地区 GDP 比重低 |
| $R^2$ | 0.236 | 0.180 | 0.021 | 0.043 | 0.127 | 0.163 |
| DID 项系数的组间差异比较的 $p$ 值 | 0.112 | | 0.000 | | 0.000 | |

### 7.2.2.3 降低医疗成本

医疗成本也是构成流动劳动者在城市长期居住的重要成本。尽管我国的社会医疗保障已经实现了全民覆盖，但仍然未能从根本上放松居民（尤其是农村居民）参保决策的预算约束（刘小鲁，2017）。因此，接下来继续研究政府为降低劳动力的医疗成本实施的相关政策，对于保障数字经济提高非农就业量以及实现相应的社会分工从而优化非农就业结构的作用。

从表 7-11A 第（1）（2）列可以看出，数字经济对非农就业的促进作用主要体现在政府在医疗方面的财政支出占地区 GDP 比重高于均值的地区，尽管与低于均值地区的差异不显著，但可以在一定程度上说明政府增加在医疗方面的财政支出，减轻农村劳动力的医疗成本压力，对于保障数字经济持续提高农村劳动力非农就业量的重要作用。

将表 7-11A 第（3）（4）列与 A 第（5）（6）列对比，可以发现，政府增加在医疗方面财政支出的保障作用，主要体现在面对更大收入约束的低技能劳动力群体中。从表 7-11A 第（5）（6）列可以看出，对于高技能劳动力而言，在医疗财政支出占地区 GDP 比重低于均值的组中，数字经济反而更有利于促进其在城镇化过程中从事高技能偏向的数字化工作。

**表 7-11　制度环境：降低医疗成本**

A：医疗财政支出占地区 GDP 比重

| 被解释变量 | （1） | （2） | （3） | （4） | （5） | （6） |
|---|---|---|---|---|---|---|
| | 是否从事非农行业 | | 是否从事低技能偏向的数字化非农行业 | | 是否从事高技能偏向的数字化非农行业 | |
| | 全体农村劳动力 | | 农村低技能劳动力 | | 农村高技能劳动力 | |
| | 医疗财政支出占地区 GDP 比重高 | 医疗财政支出占地区 GDP 比重低 | 医疗财政支出占地区 GDP 比重高 | 医疗财政支出占地区 GDP 比重低 | 医疗财政支出占地区 GDP 比重高 | 医疗财政支出占地区 GDP 比重低 |
| DID | 0.053* | 0.040** | 0.034 | −0.019 | −0.015 | 0.147 |
| | (0.028) | (0.019) | (0.027) | (0.028) | (0.103) | (0.102) |
| 个体特征 | 是 | 是 | 是 | 是 | 是 | 是 |
| 家庭特征 | 是 | 是 | 是 | 是 | 是 | 是 |
| 地区特征 | 是 | 是 | 是 | 是 | 是 | 是 |
| 个体固定效应 | 是 | 是 | 是 | 是 | 是 | 是 |
| 时间固定效应 | 是 | 是 | 是 | 是 | 是 | 是 |
| 观测数 | 22 700 | 11 997 | 6 779 | 3 641 | 615 | 506 |
| $R^2$ | 0.237 | 0.202 | 0.021 | 0.040 | 0.082 | 0.135 |
| DID 项系数的组间差异比较的 $p$ 值 | 0.173 | | 0.000 | | 0.000 | |

B：医疗问题严重程度

| 被解释变量 | （1） | （2） | （3） | （4） | （5） | （6） |
|---|---|---|---|---|---|---|
| | 是否从事非农行业 | | 是否从事低技能偏向的数字化非农行业 | | 是否从事高技能偏向的数字化非农行业 | |
| | 全体农村劳动力 | | 农村低技能劳动力 | | 农村高技能劳动力 | |
| | 医疗问题严重 | 医疗问题不严重 | 医疗问题严重 | 医疗问题不严重 | 医疗问题严重 | 医疗问题不严重 |
| DID | −0.020 | 0.012 | −0.037 | 0.066** | 0.177** | 0.624** |
| | (0.015) | (0.017) | (0.027) | (0.026) | (0.070) | (0.287) |

续表

| 被解释变量 | （1） | （2） | （3） | （4） | （5） | （6） |
|---|---|---|---|---|---|---|
| | 是否从事非农行业 | | 是否从事低技能偏向的数字化非农行业 | | 是否从事高技能偏向的数字化非农行业 | |
| | 全体农村劳动力 | | 农村低技能劳动力 | | 农村高技能劳动力 | |
| | 医疗问题严重 | 医疗问题不严重 | 医疗问题严重 | 医疗问题不严重 | 医疗问题严重 | 医疗问题不严重 |
| 个体特征 | 是 | 是 | 是 | 是 | 是 | 是 |
| 家庭特征 | 是 | 是 | 是 | 是 | 是 | 是 |
| 地区特征 | 是 | 是 | 是 | 是 | 是 | 是 |
| 个体固定效应 | 是 | 是 | 是 | 是 | 是 | 是 |
| 时间固定效应 | 是 | 是 | 是 | 是 | 是 | 是 |
| 观测数 | 14 754 | 11 555 | 3 859 | 2 747 | 667 | 189 |
| $R^2$ | 0.011 | 0.009 | 0.034 | 0.033 | 0.123 | 0.325 |
| DID 项系数的组间差异比较的 $p$ 值 | 0.000 | | 0.000 | | 0.000 | |

与前述发现类似，这一现象背后的经济学解释同样是医疗成本在一定程度上起到了筛选机制的作用。对于本身具有较小收入约束的高技能劳动力，与对教育资源的购买类似，他们对医疗资源的购买能力较强，政府在医疗方面的投入对缓解高技能劳动力收入约束的作用同样甚微。因此，政府对医疗方面的财政支出较少的地区，阻碍了医疗支付能力差的低技能劳动力的进城意愿，减少了高技能劳动力面临的潜在竞争者，更加有利于高技能劳动力非农就业。总而言之，政府增加在医疗方面的财政支出，以降低农村劳动力的医疗成本是保障数字经济提高非农就业量，尤其是促进低技能劳动力非农就业，从而促进社会分工、优化非农就业结构的好的制度环境。

为加强上述结论的稳健性，同样利用 CFPS 成人问卷的受访者认为的医疗问题的严重程度，衡量政府在医疗方面的投资情况。本节将评分高于均值的地区视为医疗问题严重地区（一定程度上意味着政府在医疗方面的投资不足），低于均值的地区则为不严重的地区（一定程度上意味着政府在医疗方面的投资较大)。从表 7-11B 第 (1) (2) 列可以看出,在医疗问题严重地区,数字经济抑制了非农就业;相反,在医疗问题不严重的地区,数字经济对非农就业具有轻微的促进作用。尽管两列中 DID 项的系数均不显著,但根据系数的符号可以看出,医疗问题的缓解对于保障数字经济促进非农就业具有重要作用。表 7-11B 第 (3) 至 (6) 列表明,医疗问题的缓解对于低技能劳动力和高技能劳动力非农就业均具有重要作用。可以看出,在第 (5) (6) 列中,医疗问题的严重程度不再充当筛选机制,即并非在医疗问题严重的地区,数字经济有利于促进高技能劳动力非农就业,而在医疗问题不严重的地区,才更加促进了高技能劳动力非农就业。因为医疗问题的严重程度不仅取决于医疗成本,因此也自然是在医疗问题不严重的地区,数字经济才更有助于促进高技能劳动力非农就业。

### 7.2.2.4  降低住房成本

住房成本也是构成流动劳动者在城市长期居住的重要成本,因此,继续研究政府为降低个体的住房成本所实施的相关政策,在数字经济提高非农就业量以及实现相应的社会分工、优化非农就业结构中起到的保障作用。从表 7-12A 第 (1) (2) 列可以看出,数字经济对非农就业的促进作用主要体现在房价低于均值的地区,且与高于均值的地区差异显著,由于在中国的国情下,房价在一定程度上受到地方政府的调控,因此表 7-12A 第 (1) (2) 列可以体现出政府通过调控房价,降低农村劳动力的住房成本对于保障数字经济促进非农就业的重要意义。

表 7-12  制度环境:降低住房成本

A:房价高低

| 被解释变量 | (1) | (2) | (3) | (4) | (5) | (6) |
|---|---|---|---|---|---|---|
| | 是否从事非农行业 | | 是否从事低技能偏向的数字化非农行业 | | 是否从事高技能偏向的数字化非农行业 | |
| | 全体农村劳动力 | | 农村低技能劳动力 | | 农村高技能劳动力 | |
| | 房价高 | 房价低 | 房价高 | 房价低 | 房价高 | 房价低 |
| DID | 0.035 * | 0.059 ** | −0.035 | 0.057 ** | 0.166 | −0.056 |
| | (0.020) | (0.028) | (0.026) | (0.024) | (0.123) | (0.100) |

续表

| 被解释变量 | （1） | （2） | （3） | （4） | （5） | （6） |
|---|---|---|---|---|---|---|
| | 是否从事非农行业 | | 是否从事低技能偏向的数字化非农行业 | | 是否从事高技能偏向的数字化非农行业 | |
| | 全体农村劳动力 | | 农村低技能劳动力 | | 农村高技能劳动力 | |
| | 房价高 | 房价低 | 房价高 | 房价低 | 房价高 | 房价低 |
| 个体特征 | 是 | 是 | 是 | 是 | 是 | 是 |
| 家庭特征 | 是 | 是 | 是 | 是 | 是 | 是 |
| 地区特征 | 是 | 是 | 是 | 是 | 是 | 是 |
| 个体固定效应 | 是 | 是 | 是 | 是 | 是 | 是 |
| 时间固定效应 | 是 | 是 | 是 | 是 | 是 | 是 |
| 观测数 | 12 934 | 22 499 | 3 722 | 6 859 | 492 | 643 |
| $R^2$ | 0.208 | 0.233 | 0.026 | 0.035 | 0.084 | 0.111 |
| DID 项系数的组间差异比较的 $p$ 值 | 0.056 | | 0.000 | | 0.000 | |

B：住房问题严重程度

| 被解释变量 | （1） | （2） | （3） | （4） | （5） | （6） |
|---|---|---|---|---|---|---|
| | 是否从事非农行业 | | 是否从事低技能偏向的数字化非农行业 | | 是否从事高技能偏向的数字化非农行业 | |
| | 全体农村劳动力 | | 农村低技能劳动力 | | 农村高技能劳动力 | |
| | 住房问题严重 | 住房问题不严重 | 住房问题严重 | 住房问题不严重 | 住房问题严重 | 住房问题不严重 |
| DID | −0.018 (0.014) | 0.007 (0.019) | −0.022 (0.026) | 0.043 (0.033) | 0.165** (0.078) | −0.115 (0.316) |
| 个体特征 | 是 | 是 | 是 | 是 | 是 | 是 |
| 家庭特征 | 是 | 是 | 是 | 是 | 是 | 是 |
| 地区特征 | 是 | 是 | 是 | 是 | 是 | 是 |
| 个体固定效应 | 是 | 是 | 是 | 是 | 是 | 是 |
| 时间固定效应 | 是 | 是 | 是 | 是 | 是 | 是 |
| 观测数 | 13 831 | 12 386 | 3 643 | 2 948 | 701 | 155 |

续表

| 被解释变量 | （1） | （2） | （3） | （4） | （5） | （6） |
|---|---|---|---|---|---|---|
| | 是否从事非农行业 | | 是否从事低技能偏向的数字化非农行业 | | 是否从事高技能偏向的数字化非农行业 | |
| | 全体农村劳动力 | | 农村低技能劳动力 | | 农村高技能劳动力 | |
| | 住房问题严重 | 住房问题不严重 | 住房问题严重 | 住房问题不严重 | 住房问题严重 | 住房问题不严重 |
| $R^2$ | 0.009 | 0.011 | 0.027 | 0.033 | 0.123 | 0.233 |
| DID 项系数的组间差异比较的 $p$ 值 | 0.000 | | 0.000 | | 0.000 | |

将表 7-12A 第（3）（4）列与表 A 第（5）（6）列对比，可以发现，政府调控房价，降低农村劳动力住房成本的保障作用，主要体现在面对更大收入约束的低技能劳动力群体中。表 7-12A 第（5）（6）列同样表明住房成本在一定程度上起到了筛选机制的作用：对于高技能劳动力而言，在房价高于均值的组中，数字经济更有利于促进其非农就业。因为对于本身具有较小收入约束的高技能劳动力而言，与对教育、医疗资源的购买类似，他们对住房的购买能力也较强，政府在降低房价方面的调控政策对缓解其收入约束的边际作用较小。因此在政府未能有效调控房价的地区，阻碍了住房支付能力差的农村低技能劳动力的进城意愿，减少了高技能劳动力面临的潜在竞争者，更加有利于高技能劳动力的非农就业。总而言之，政府通过调控房价，降低农村劳动力的住房成本是保障数字经济提高非农就业量，尤其是促进低技能劳动力非农就业，从而促进社会分工、优化非农就业结构的好的制度环境。

值得注意的是，由于流动劳动者可以通过投资买房获得城镇户籍，根据陈广桂（2004）、赵颖和石智雷（2017）的研究，房价在一定程度上衡量了市民化成本，因此这个结论也蕴含着"在城市落户的阻力越小，越有利于保障数字经济对非农就业的促进作用"的含义，初步说明了加快户籍人口城镇化甚至取消户籍制度的重要性。

为加强上述结论的稳健性，同样利用CFPS成人问卷受访者认为的住房问题严重程度的变量，衡量政府能否通过调控房价降低农村劳动力的住房成本。本节将评分高于均值的地区视为住房问题严重地区，低于均值的地区则为不严重的地区。表7-12B第（1）（2）列表明，在住房问题严重地区，数字经济抑制了非农就业；相反，在住房问题不严重的地区，数字经济则对非农就业具有轻微促进作用。尽管表7-12B第（1）（2）列中DID项的系数均不显著，但系数符号可以在一定程度上体现住房问题的缓解，对于保障数字经济促进非农就业的重要作用。从表7-12B第（3）至（6）列可以看出，第（1）（2）列所示的规律主要体现在农村低技能劳动力群体中。但是，与表7-11B第（5）（6）列所示的医疗问题的严重程度，不再充当筛选机制的作用不同的是，表7-12B第（5）（6）列表明住房问题的严重程度仍然具有筛选机制的作用。主要是因为住房问题的严重程度很大程度上取决于住房成本，因此住房问题的严重程度也可以起到筛选机制的作用，在住房问题严重即房价相对较高的地区，更能保证数字经济对农村高技能劳动力非农就业的促进作用。

需要注意的是，不能因为教育、医疗、住房等成本高，有利于高技能劳动力非农就业就提高教育、医疗、住房等方面的价格，排斥低技能劳动力。应该看到上述现象传达出来的另外一方面信息，即需要创造机会发挥高技能劳动力的集聚效应，以产生1+1大于2的效果，而不是通过提高城市生活成本，阻止低技能劳动力进入来实现这种效应。并且，基于包容性增长的发展要求，非但不能提高城市生活成本，反而需要尽可能降低教育、医疗、住房等成本，给予低技能劳动力更多地带领孩子进城工作的机会，提高城市对农村低技能劳动力的接纳程度，促进其更加顺畅、低成本地在城市工作和长期居住，更加稳定持续地从事非农工作，才是包容性社会的应有之义。并且，低技能劳动力也能与高技能劳动力形成技能互补，正如陆铭（2016）在著作《大国大城》里提到的"一个城市的活力恰恰在于它的低端服务业……高技能者和低技能者在一个城市中是'互补'的……一个现代城市越发展高技术产业，越发展生产型服务业，其带动的消费型服务业需求越多"。在线下讲座中，陆铭教授还引用美国数据指出，如果美国大城市吸引了一个高科技人才（比如，从事IT工作的人才），会同时带来对5类劳动力的需求，分别是医生、律师、超市收银员、餐馆服务员、家政服务员，前两类属于高技能劳动力，后三类则属于低技能劳动力。只有高低技能劳动力各司其职，形成互补，才能提高整个社会经济运行的效率。

这里蕴含的经济学启示是，公平不一定是效率的对立面，反而可以更好地保障效率的实现。因此，在制定教育、医疗、住房等相关政策时，既需要考虑如何充分发挥高技能劳动力在城镇化过程中，从事高技能偏向的数字化非农行业时的集聚效应，更需要考虑如何保障处于相对弱势地位的低技能劳动力在城镇化过程中，从事低技能偏向的数字化非农行业时的稳定性。

### 7.2.2.5　提高户籍人口城镇化率

根据前面的分析，在当前户籍制度无法完全取消的情况下，政府通过增加在就业、社保、教育、医疗等方面的财政支出，加强对房价的调控，间接缓解了劳动力的收入约束，的确有助于保障数字经济提高非农就业量，推动城镇化发展，以及促成这一过程中的有效社会分工，优化非农就业结构。但是由于教育、医疗、住房方面的公共服务是附着于户籍制度之上的，政府的以上措施即使可以在一定程度上降低人们在城市工作和长期居住的成本，但是，户籍制度导致的城市户籍劳动力和农村户籍劳动力面临的这些成本仍然存在本质性差别，仍然无法使所有个体面临同样的、市场化的、没有户籍制度带来的制度性成本的在城市工作和长期居住的成本。因此，要想更加持续地发挥数字经济对农村劳动力非农就业的促进作用，增进社会公平，实现包容性增长，最根本的还是要进一步提高户籍人口城镇化率甚至取消户籍制度，真正提高城市对农村劳动力的接纳程度。即使无法在短期内提高户籍人口城镇化率，也仍应持续推进常住人口城镇化率并按照常住人口配置公共资源。

基于以上分析，本节实证检验了提高城镇化水平是否有助于保障数字经济提高非农就业量，推动城镇化发展，以及促成这一过程中的有效社会分工，优化非农就业结构。由于市区人口密度越大，意味着城镇化水平越高，因此，借鉴钟粤俊等（2020）的研究，本节以市区的户籍人口密度衡量户籍人口城镇化水平。从表7-13第（1）（2）列可以看出，数字经济对非农就业的促进作用主要体现在市区户籍人口密度高于均值的地区，符合预期，但与低于均值的地区的差异不显著。表7-13第（3）至（6）列进一步表明，提高城镇化水平，减少农村劳动力在城市工作和长期居住的制度性成本，保障了数字经济促进农村低技能劳动力非农就业。并且发现，在市区户籍人口密度低于均值的地区，数字经济对高技能劳动力非农就业的促进作用大于在高于均值的地区的促进作用。这同样意味着城市户籍也起到了筛选机制的作用，即由于城市户籍暗含着诸多潜在收益，因此，对于未获得城市户籍的劳动力，要面对更多的收入约束。并且，取得城市户籍的难度较大，抑制了很多农村劳动力的进城愿望，甚至对于已经在城市从事多年非农工作的农村劳动力而言，也有可能因为长期无法获得城市户籍，在子女入学等压力下不得不离开城市，重新从事农业工作，由此降低了城市中的高技能劳动力面临的来自低技能劳动力的竞争威胁，从而可以更好地实现非农就业。表7-13第（3）至（6）列中DID项系数的符号和绝对值，可以解释表7-13第（1）（2）列中DID项系数差异不显著的现象。

表7-13　制度环境：提高户籍人口城镇化率

| 被解释变量 | (1) | (2) | (3) | (4) | (5) | (6) |
|---|---|---|---|---|---|---|
| | 是否从事非农行业 | | 是否从事低技能偏向的数字化非农行业 | | 是否从事高技能偏向的数字化非农行业 | |
| | 全体农村劳动力 | | 农村低技能劳动力 | | 农村高技能劳动力 | |
| | 市区户籍人口密度大 | 市区户籍人口密度小 | 市区户籍人口密度大 | 市区户籍人口密度小 | 市区户籍人口密度大 | 市区户籍人口密度小 |
| DID | 0.035 | 0.032 | 0.021 | -0.005 | 0.038 | 0.124 |
| | (0.023) | (0.027) | (0.024) | (0.036) | (0.098) | (0.102) |
| 个体特征 | 是 | 是 | 是 | 是 | 是 | 是 |
| 家庭特征 | 是 | 是 | 是 | 是 | 是 | 是 |
| 地区特征 | 是 | 是 | 是 | 是 | 是 | 是 |
| 个体固定效应 | 是 | 是 | 是 | 是 | 是 | 是 |
| 时间固定效应 | 是 | 是 | 是 | 是 | 是 | 是 |

续表

| 被解释变量 | （1） | （2） | （3） | （4） | （5） | （6） |
|---|---|---|---|---|---|---|
| | 是否从事非农行业 | | 是否从事低技能偏向的数字化非农行业 | | 是否从事高技能偏向的数字化非农行业 | |
| | 全体农村劳动力 | | 农村低技能劳动力 | | 农村高技能劳动力 | |
| | 市区户籍人口密度大 | 市区户籍人口密度小 | 市区户籍人口密度大 | 市区户籍人口密度小 | 市区户籍人口密度大 | 市区户籍人口密度小 |
| 观测数 | 18 838 | 13 802 | 6 157 | 3 926 | 641 | 444 |
| $R^2$ | 0.212 | 0.251 | 0.026 | 0.014 | 0.079 | 0.138 |
| DID 项系数的组间差异比较的 $p$ 值 | 0.860 | | 0.000 | | 0.348 | |

通过研究政府对于就业、社保、教育、医疗、住房等与个体的衣食住行密切相关的民生领域的政策支持，从"节流"角度发现，整体而言，政府通过增加在就业和社保、教育、医疗方面的财政支出，控制房价，提高户籍人口城镇化率，有助于减轻个体向城市流动的成本，因而能够间接缓解劳动力的收入约束，保障数字经济的非农就业效应，尤其是保障数字经济促进面临更大收入约束的低技能劳动力非农就业，促成有效社会分工、优化非农就业结构。

至此，从保障劳动生产率持续提高的角度，本章已经完成了对于能够保障数字经济提高非农就业量，推动城镇化发展，以及促成这一过程中的有效社会分工，优化非农就业结构的制度环境的分析。可以看出，无论是通过利用再分配政策工具实施低收入偏向的转移支付，从"开源"角度直接缓解劳动力的收入约束；还是通过增加政府对民生领域的支付、提高户籍人口城镇化率，从"节流"角度间接缓解收入约束，政府的这些政策都能通过缓解劳动力收入约束的方式，与数字经济的作用形成互补，增强劳动力尤其是面临更大收入约束的低技能劳动力，为自身人力资本和社会资本投资的支付能力，有利于提高其劳动生产率，满足非农工作的需要，从而促进其非农就业。

# 7.3 本章小结

本章从保障社会化再生产过程（劳动力需求端）持续发展的角度，以及保障劳动者自身（劳动力供给端）的劳动生产率持续提高的角度，探索了有利于保障数字经济提高非农就业量和优化非农就业结构的制度环境：通过增强电信基础设施等硬性基础设施建设，增加在科学方面的财政支出等软性基础设施建设，政府可以为保障社会化再生产过程持续发展提供有利的制度环境；通过增加政府转移支付等方式以直接缓解收入约束，通过降低向城市流动的劳动力工作、教育、住房、医疗等成本，提高户籍人口城镇化率以间接缓解收入约束，政府可以为保障劳动生产率持续提高提供有利的制度环境，促进数字经济同时提高非农就业量和优化非农就业结构，进而推动经济结构转型。

研究发现，对于从保障社会化再生产过程持续健康发展的角度进行的制度环境分析，由于软硬性基础设施的建设可以提高网速，促进智能化设备的开发和利用，为生产发展提供良好的能源基础以及高质量的科技、智力、创新环境支持，均有助于推动以数字技术为基础的产业互联网的发展。而由于高技能劳动力更加受益于产业互联网的发展，因此促进社会化再生产过程顺利发展的制度环境，有利于保障数字经济促进高技能劳动力非农就业，促成有效社会分工，优化非农就业结构。对于从保障劳动生产率持续提高的角度进行的制度环境分析，由于低技能劳动力面临更大的收入约束，因此通过缓解劳动力收入约束，保障劳动生产率持续提高的制度环境更加有利于保障数字经济促进低技能劳动力非农就业，促成有效社会分工，优化非农就业结构。总而言之，作为制度提供者的政府，通过分别保障社会化再生产过程持续发展以及保障劳动生产率持续提高，都可以充分发挥制度环境的外部性，充分保障数字经济提高作为社会弱势群体的农村劳动力的非农就业量，优化非农就业结构，改善农村劳动力的福利状况，促进共享发展和共同富裕。

# 8 研究结论与政策含义

传统投资领域的回报率下滑，严重影响了中国经济发展的可持续性，这一问题在新冠疫情的暴发及延续以及中美博弈激化的今天显得越发重要。如何利用第三次技术革命的成果，抓住第四次技术革命的机遇，促进就业稳定且高质量发展，缓解目前经济下行的压力，显然需要严谨而规范的研究，以便帮助政府制定相应的政策，使得数字经济发展能够持续推动经济结构转型，带动经济高质量发展。

## 8.1 研究结论

在归纳数字经济基本内涵的基础上，本书通过实证研究证实了数字经济的发展可以显著促进非农就业，尤其是显著促进农村劳动力非农就业。通过建立理论模型以及实证检验，从社会化再生产过程（对劳动力的需求角度）以及劳动者自身角度（劳动力供给角度），分析了数字经济提高农村劳动力非农就业量的作用机制。本书还研究了数字经济在推进城镇化的过程中具有的促成有效社会分工，从而优化非农就业结构的作用以及产生作用的机制。最后，为了使数字经济更好地服务于劳动力向非农行业的转移以及经济结构向非农行业的转型，本书继续从保障社会化再生产过程持续发展，以及保障劳动生产率持续提高的角度，分析了有利于保障数字经济提高非农就业量，推动城镇化发展，以及促成这个过程中的有效社会分工，优化非农就业结构的制度环境。本书得出五点结论。

（1）数字经济显著提高了非农就业量，尤其是显著促进了农村劳动力向非农行业流动，因而有助于从职业转移的角度加快中国的新型城镇化建设步伐，为进一步在居住地、收入、心理、身份等方面实现城镇化奠定基础，有利于增进社会公平，促进共同富裕目标的实现。

（2）促进社会化再生产过程的快速高质量运行以及提高劳动生产率，是数字经济通过作用于对非农劳动力的需求端和劳动力供给端提高非农就业量的重要机制：从社会化再生产过程角度看，首先，数字经济通过以数字产业化和产业数字化为代表的产业互联网的形成，促进了非农生产的增加以及对非农劳动力需求的上升，即数字经济通过产业互联网产生了就业创造效应；其次，数字经济通过消费方式和消费内容的数字化，促进了消费互联网的形成和质量的提高，加速了社会化再生产过程的完成，因而强化了就业创造效应；最后，数字经济通过作用于管理与监督过程，改善了生产关系，进一步促进了社会化再生产过程的顺利实现，保障了就业创造效应。从劳动者自身角度看，数字经济既通过发挥规模经济效应、平台经济效应，从客观上降低了有助于促进农村劳动力非农就业活动中的交易成本，又通过发挥示范效应，促进了农村劳动力从主观上与城市劳动力消费结构等方面相靠拢，增加对自身素质的投资，均有助于提高农村劳动力的劳动生产率，促进其非农就业。需要指出的是，数字经济示范效应的发挥还有助于加强城乡劳动力的文化认同，缩短心理距离，促进社会融合，在提高非农就业量的过程中，提高我国城镇化发展的质量，真正实现"以人为核心"的城镇化。

（3）数字经济在提高非农就业量从而加快城镇化发展的过程中促成了有效的社会分工，优化了非农就业结构：数字经济显著促进了农村低技能劳动力从事低技能偏向的数字化非农行业，显著促进了农村高技能劳动力从事高技能偏向的数字化非农行业。数字经济对形成有效社会分工的促进作用，使不同技能的农村劳动力能够依据自身技能类型在城镇化过程中从事适宜性非农工作，有助于实现"人尽其能"。这既改善了非农就业质量，提高了劳动力资源的配置效率，又由于给予各种类型劳动力不同的非农就业机会，因而缩小了城镇化发展过程中农村劳动力内部不同技能劳动力之间的数字鸿沟，有助于进一步提高城镇化的质量，促进经济的包容性增长。

（4）从社会化再生产过程角度以及劳动者自身角度分析数字经济在提高非农就业量，推动城镇化发展的过程中，促成有效社会分工，优化非农就业结构的机制。本书发现，相较于直接作用于劳动力供给本身，通过对于作为对劳动力需求端的社会化再生产过程的数字化渗透，是数字经济依据劳动力技能水平实现有效社会分工从而优化非农就业结构的主要机制，体现了生产的基础性地位。具体而言，从社会化再生产过程角度看，数字技术在数据开发层和产品设计层的应用形成的产业互联网的发展，促进了农村高技能劳动力向高技能偏向的数字化非农行业流动，数字技术在产品使用层的应用带来的消费互联网的发展，促进了农村低技能劳动力向低技能偏向的数字化非农行业流动。因此，数字经济通过作用于社会化再生产过程的不同环节，使不同技能的农村劳动力得以从事不同类型的非农工作，促进了有效社会分工的形成，优化了非农就业结构。值得注意的是，尽管数字经济对劳动生产率的提高效应并不是促成社会分工的主要机制，但是数字经济通过降低交易成本和促进示范效应的发挥，仍然可以在一定程度上促进社会分工，优化非农就业结构。例如，通过降低信息获取成本、议价成本、促进农村消费结构升级，数字经济更加有利于农村低技能劳动力非农就业；通过降低工作中的协商与决策成本，数字经济更加有利于农村高技能劳动力非农就业。总的来说，对于农村低技能劳动力而言，缓解收入约束是数字经济促进其非农就业的重要因素。对于农村高技能劳动力而言，数字技术对实际生产过程的渗透是数字经济促进其非农就业的重要因素。

（5）有助于保障社会化再生产过程持续发展，以及劳动生产率持续提高的制度环境是保障数字经济提高非农就业量，推动城镇化发展，以及促成这一过程中的有效社会分工，优化非农就业结构的制度环境。一方面，软硬基础设施的建设可以为生产发展提供良好的网络、能源基础以及优质的科技、创新环境，促进数字技术不断进步，进而有利于以数字技术为基础的产业互联网发展，因而保障了对高技能劳动力的稳定需求；另一方面，通过利用再分配工具增加包容性转移支付，加大在就业、社保、教育、医疗、住房等民生领域的财政支持，持续提高户籍人口城镇化率，均可以缓解收入水平较低的低技能劳动者的收入约束，促进其增加对自身人力资本、社会资本的投资，提高劳动生产率，因而能够保障低技能劳动力的非农就业。政府通过创造这些保障社会化再生产过程持续发展，以及劳动生产率持续提高的制度环境，使不同技能类型的劳动力可以顺畅地在城镇化发展过程中从事适合自身技能水平的非农工作，确保数字经济促成有效社会分工，优化非农就业结构作用的持续发挥。

## 8.2 政策含义

数字经济的强大能量已经有目共睹，正如习近平指出的："数字经济发展速度之快、辐射范围之广、影响程度之深前所未有，正在成为重组全球要素资源、重塑全球经济结构、改变全球竞争格局的关键力量。"① 对于作为民生基础的就业而言，数字经济的非农就业效应已得到证实。因此，作为制度提供者，地方政府应顺势而为，通过继续实施"宽带中国"政策、强化"新基建"政策等大力发展数字经济。并且，由于任何政策的出台都需要良好的制度环境作为保障，因此，在推行促进数字经济发展政策时，配套政策也一定要进行周密部署，才能更好地保障数字经济对经济发展的带动效应，进而不断提高就业质量，促进社会的公平稳定。结合当前数字经济的发展现状，地方政府可从四方面继续优化制度供给。

### 8.2.1 促进产业互联网高质量发展

随着我国数字经济的不断发展，数字技术与产业融合发展的趋势越发显著，这对于提高生产力，助力经济结构转型升级和持续高质量发展大有裨益。这种发展趋势已经引起了国家战略层面的高度关注。2015 年 5 月，国务院发布《中国制造 2025》，基本方针之一是：推动跨领域跨行业协同创新，突破一批重点领域关键共性技术，促进制造业数字化、网络化、智能化，走创新驱动的发展道路；2015 年 7 月，《国务院关于积极推进"互联网+"行动的指导意见》出台，明确提出将人工智能作为 11 个重点布局的领域之一；2022 年2 月，《求是》刊登的习近平《不断做强做优做大我国数字经济》一文指出：

---

① 习近平. 不断做强做优做大我国数字经济 [J]. 求是，2022 (2).

"推动数字经济和实体经济深度融合，打造具有国际竞争力的数字产业集群。"① 因此，继续促进产业互联网的发展仍将是未来很长一段时间我国经济工作的重点。国家已经在顶层设计层面做出了战略指导，根据本书第 7 章的实证检验结论，地方政府还需不断加强软硬基础设施建设以保障产业互联网的持续高质量发展。例如，在硬性基础设施方面需重点推进电信基础设施建设，加快 5G 商用步伐，提高企业宽带接入速率以及网络的稳定性、安全性。在软性基础设施建设方面，需加大在科技、文化等方面的投入，尤其需大力支持在机器人、计算机视觉、自然语言处理、深度学习、智能驾驶等人工智能领域的基础研究，充分发挥制度外部性，助力数字技术加速迭代，促进产业互联网高质量发展。

### 8.2.2 保障消费互联网安全发展

尽管数字经济的整体发展趋势是从以消费互联网为主的形态逐渐向产业互联网推进，但是，一方面，由于消费是生产的目的和动力，因此也是社会化再生产过程的重要一环；另一方面，从有效社会分工代表的非农就业结构优化角度看，产业互联网的发展主要有助于高技能劳动力非农就业，消费互联网的发展则主要有助于低技能劳动力非农就业，因此，为促进社会化再生产过程的健康高质量运行，保障数字经济促进有效社会分工的形成，优化非农就业结构，仍需保障消费互联网的稳定发展。如需要持续推进数字金融发展，尤其是提高交易、支付和结算的效率和安全性，加大对农村低技能劳动力在数字金融使用技能、预防电信诈骗能力等方面的培训与宣传。

### 8.2.3 加强数字化治理

除了提供良好的制度环境以保障产业互联网和消费互联网在数字经济背景下健康发展，在数字经济时代，政府也要加强自身治理方式的数字化改革，提高政府行政的透明性、联动性与高效性，促进政府官员选拔的市场化与公平性，完善电子政务、数字政府、微博等数字化媒介的监督功能，最终提高

---

① 习近平. 不断做强做优做大我国数字经济 [J]. 求是, 2022 (2).

行政效率和政府服务质量。

### 8.2.4  推动劳动生产率持续提高

尽管社会化再生产过程是数字经济赖以促进社会分工、优化非农就业结构的主要机制,但是通过提高劳动生产率,数字经济可以在整体上促进所有农村劳动力非农就业。并且,数字经济通过降低有助于促进农村劳动力非农就业活动中的交易成本,促进示范效应的发挥,仍然可以在一定程度上促进社会分工,优化非农就业结构。因此也应不断发挥政府对保障劳动生产率持续提高的推动作用。继续加大在再分配领域的包容性转移支付以直接缓解劳动者的收入约束,增加在就业、社保、教育、医疗、住房等方面的支出,降低农村劳动力在城市工作和长期定居的成本,以间接缓解劳动者的收入约束。更重要的是,应尽可能提高户籍人口城镇化率,以从制度层面保障农村劳动力在城市享受更多公共服务,更大程度地缓解农村劳动力的收入约束,将制度成本造成的无谓效率损失降到最小,促进帕累托最优的形成。收入约束的降低可以促进农村劳动力增加对自身素质的投资,提高劳动生产率。但是,收入约束的降低仅是提高劳动生产率的必要条件,而非充分条件,尤其是对于自我学习意识相对较差的农村低技能劳动力而言,仅靠缓解收入约束尚不足以显著提高劳动生产率,因此,为促进农村低技能劳动力更加顺畅地向数字化非农行业流动,政府还需要加强对这部分劳动力的技能培训。

# 附录："宽带中国"战略及实施方案①

## 一、指导思想、基本原则和发展目标

### （一）指导思想

以邓小平理论、"三个代表"重要思想、科学发展观为指导，围绕加快转变经济发展方式和全面建成小康社会的总体要求，将宽带网络作为国家战略性公共基础设施，加强顶层设计和规划引导，统筹关键核心技术研发、标准制定、信息安全和应急通信保障体系建设，促进网络建设、应用普及、服务创新和产业支撑的协同，综合利用有线、无线技术推动电信网、广播电视网和互联网融合发展，加快构建宽带、融合、安全、泛在的下一代国家信息基础设施，全面支撑经济发展和服务社会民生。

### （二）基本原则

坚持政府引导与市场调节相结合。坚持市场配置资源的基础性作用，发挥政府战略引领作用，完善政策措施。系统研究解决网络建设、内容服务、应用创新、产业发展等环节体制机制问题，营造良好环境，促进市场公平竞争和资源有效利用。

坚持统筹规划与分步推进相结合。从战略性、全局性和系统性出发，适度超前，明确宽带发展的总体目标、路线图和时间表。遵循客观发展规律，

---

① 节选自中华人民共和国中央人民政府网：《国务院关于印发"宽带中国"战略及实施方案的通知》，http://www.gov.cn/zwgk/2013-08/17/content_ 2468348.htm。

因地制宜，统筹城乡和区域宽带协调发展，统筹军民宽带网络融合发展。

坚持网络建设与应用服务相结合。统筹有线、无线技术手段协同发展，协调推进宽带接入网、骨干网和国际出入口能力建设，形成适度超前的宽带网络发展格局。促进网络能力提升与应用服务创新相结合，深化宽带在各行业、各领域的集成应用，推动信息消费，培育新服务、新市场、新业态。

坚持网络升级与产业创新相结合。加强宽带网络发展与产业支撑能力建设的协同，加快建立以企业为主体、市场为导向、产学研用紧密结合的技术创新体系，促进国内外优势资源的整合利用，提升自主创新能力，实现产业链上下游协调发展，提高产业配套能力。

坚持宽带普及与保障安全相结合。强化安全意识，同步推进网络信息安全和应急通信保障能力建设，不断增强基础网络、核心系统、关键资源的安全掌控能力以及应急服务能力，实现网络安全可控、业务安全可管，应急保障可靠。

## （三）发展目标

到 2015 年，初步建成适应经济社会发展需要的下一代国家信息基础设施。基本实现城市光纤到楼入户、农村宽带进乡入村，固定宽带家庭普及率达到 50%，第三代移动通信及其长期演进技术（3G/LTE）用户普及率达到 32.5%，行政村通宽带（有线或无线接入方式，下同）比例达到 95%，学校、图书馆、医院等公益机构基本实现宽带接入。城市和农村家庭宽带接入能力基本达到 20 兆比特每秒（Mbps）和 4Mbps，部分发达城市达到 100Mbps。宽带应用水平大幅提升，移动互联网广泛渗透。网络与信息安全保障能力明显增强。

到 2020 年，我国宽带网络基础设施发展水平与发达国家之间的差距大幅缩小，国民充分享受宽带带来的经济增长、服务便利和发展机遇。宽带网络全面覆盖城乡，固定宽带家庭普及率达到 70%，3G/LTE 用户普及率达到 85%，行政村通宽带比例超过 98%。城市和农村家庭宽带接入能力分别达到 50 Mbps 和 12 Mbps，发达城市部分家庭用户可达 1 吉比特每秒（Gbps）。宽带应用深度融入生产生活，移动互联网全面普及。技术创新和产业竞争力达到国际先进水平，形成较为健全的网络与信息安全保障体系。

# 二、技术路线和发展时间表

遵循宽带技术演进规律，充分利用现有网络基础，围绕经济社会发展总体要求和宽带发展目标，加强和完善总体布局，系统解决宽带网络接入速度、覆盖范围、应用普及等关键问题，强化产业发展和安全保障，不断提高宽带发展整体水平，全面提升支撑经济社会可持续发展的能力。

## （一）技术路线

统筹接入网、城域网和骨干网建设，综合利用有线技术和无线技术，结合基于互联网协议第 6 版（IPv6）的下一代互联网规模商用部署要求，分阶段系统推进宽带网络发展。

按照高速接入、广泛覆盖、多种手段、因地制宜的思路，推进接入网建设。城市地区利用光纤到户、光纤到楼等技术方式进行接入网建设和改造，并结合 3G/LTE 与无线局域网技术，实现宽带网络无缝覆盖。农村地区因地制宜，灵活采取有线、无线等技术方式进行接入网建设。

按照高速传送、综合承载、智能感知、安全可控的思路，推进城域网建设。逐步推动高速传输、分组化传送和大容量路由交换技术在城域网应用，扩大城域网带宽，提高流量承载能力；推进网络智能化改造，提升城域网的多业务承载、感知和安全管控水平。

按照优化架构、提升容量、智能调度、高效可靠的思路，推进骨干网建设。优化骨干网络架构，完善国际网络布局，全面推广超高速波分复用系统和集群路由器技术，提升骨干网络容量和智能调度能力，保障网络高速高效和安全可靠运行。

## （二）发展时间表

（1）全面提速阶段（至 2013 年底）。

重点加强光纤网络和 3G 网络建设，提高宽带网络接入速率，改善和提升用户上网体验。

城市地区着力推进光纤化成片改造，农村地区灵活采用有线和无线方式加快行政村宽带接入网建设，提高接入速度和网络使用性价比。进一步提升城市 3G 网络质量，扩大农村 3G 网络覆盖范围，做好时分双工模式移动通信长期演进技术（TD-LTE）扩大规模试验工作。加快下一代广播电视网建设，推进"光进铜退"和网络双向化改造，促进互联互通。同步推进城域网扩容升级。以网间互联为重点优化互联网骨干网。推动网站升级改造，提高网站接入速率。

到 2013 年底，固定宽带用户超过 2.1 亿户，城市和农村家庭固定宽带普及率分别达到 55% 和 20%。3G/LTE 用户超过 3.3 亿户，用户普及率达到 25%。行政村通宽带比例达到 90%。城市地区宽带用户中 20 Mbps 宽带接入能力覆盖比例达到 80%，农村地区宽带用户中 4 Mbps 宽带接入能力覆盖比例达到 85%。城乡无线宽带网络覆盖水平明显提升，无线局域网基本实现城市重要公共区域热点覆盖。全国有线电视网络互联互通平台覆盖有线电视网络用户比例达到 60%。

（2）推广普及阶段（2014—2015 年）。

重点在继续推进宽带网络提速的同时，加快扩大宽带网络覆盖范围和规模，深化应用普及。

城市地区加快扩大光纤到户网络覆盖范围和规模，农村地区积极采用无线技术加快宽带网络向行政村延伸，有条件的农村地区推进光纤到村。持续扩大 3G 覆盖范围和深度，推动 TD-LTE 规模商用。继续推进下一代广播电视网建设，进一步扩大下一代广播电视网覆盖范围，加速互联互通。全面优化国家骨干网络。加强光通信、宽带无线通信、下一代互联网、下一代广播电视网、云计算等重点领域新技术研发，在部分重点领域取得原始创新成果。

到 2015 年，固定宽带用户超过 2.7 亿户，城市和农村家庭固定宽带普及率分别达到 65% 和 30%。3G/LTE 用户超过 4.5 亿户，用户普及率达到 32.5%。行政村通宽带比例达到 95%。城市家庭宽带接入能力基本达到 20 Mbps，部分发达城市达到 100 Mbps，农村家庭宽带接入能力达到 4 Mbps。3G 网络基本覆盖城乡，LTE实现规模商用，无线局域网全面实现公共区域热点覆盖，服务质量全面提升。互联网网民规模达到8.5亿，应用能力和服务水平显著提高。全国有线电视网络互联互通平台覆盖有线电视网络用户比例达到80%。互联网骨干网间互通质量、互联网服务提供商接入带宽和质量满足业务发展需求。在宽带无线通信、云计算等重点领域掌握一批拥有自主知识产权的核心关键技术。宽带技术标准体系逐步完善，国际标准话语权明显提高。

（3）优化升级阶段（2016—2020年）。

重点推进宽带网络优化和技术演进升级，宽带网络服务质量、应用水平和宽带产业支撑能力达到世界先进水平。

到2020年，基本建成覆盖城乡、服务便捷、高速畅通、技术先进的宽带网络基础设施。固定宽带用户达到4亿户，家庭普及率达到70%，光纤网络覆盖城市家庭。3G/LTE用户超过12亿户，用户普及率达到85%。行政村通宽带比例超过98%，并采用多种技术方式向有条件的自然村延伸。城市和农村家庭宽带接入能力分别达到50 Mbps和12 Mbps，50%的城市家庭用户达到100 Mbps，发达城市部分家庭用户可达1 Gbps，LTE基本覆盖城乡。互联网网民规模达到11亿，宽带应用服务水平和应用能力大幅提升。全国有线电视网络互联互通平台覆盖有线电视网络用户比例超过95%。全面突破制约宽带产业发展的高端基础产业瓶颈，宽带技术研发达到国际先进水平，建成结构完善、具有国际竞争力的宽带产业链，形成一批世界领先的创新型企业。

"宽带中国"发展目标与发展时间表

| 指标 | 单位 | 2013年 | 2015年 | 2020年 |
|---|---|---|---|---|
| 1. 宽带用户规模 | | | | |
| 固定宽带接入用户 | 亿户 | 2.1 | 2.7 | 4.0 |
| 其中：光纤到户（FTTH）用户 | 亿户 | 0.3 | 0.7 | — |
| 其中：城市宽带用户 | 亿户 | 1.6 | 2.0 | — |
| 农村宽带用户 | 亿户 | 0.5 | 0.7 | — |
| 3G/LTE用户 | 亿户 | 3.3 | 4.5 | 12 |

续表

| 指标 | 单位 | 2013 年 | 2015 年 | 2020 年 |
|---|---|---|---|---|
| 2. 宽带普及水平 | | | | |
| 固定宽带家庭普及率 | % | 40 | 50 | 70 |
| 其中：城市家庭普及率 | % | 55 | 65 | — |
| 农村家庭普及率 | % | 20 | 30 | — |
| 3G/LTE 用户普及率 | % | 25 | 32.5 | 85 |
| 3. 宽带网络能力 | | | | |
| 城市宽带接入能力 | Mbps | 20（80%用户） | 20 | 50 |
| 其中：发达城市 | Mbps | — | 100（部分城市） | 1 000（部分用户） |
| 农村宽带接入能力 | Mbps | 4（85%用户） | 4 | 12 |
| 大型企事业单位接入带宽 | Mbps | | 大于 100 | 大于 1 000 |
| 互联网国际出口带宽 | Gbps | 2 500 | 6 500 | — |
| FTTH 覆盖家庭 | 亿个 | 1.3 | 2.0 | 3.0 |
| 3G/LTE 基站规模 | 万个 | 95 | 120 | — |
| 行政村通宽带比例 | % | 90 | 95 | >98 |
| 全国有线电视网络互联互通平台覆盖有线电视网络用户比例 | % | 60 | 80 | >95 |
| 4. 宽带信息应用 | | | | |
| 网民数量 | 亿人 | 7.0 | 8.5 | 11.0 |
| 其中：农村网民 | 亿人 | 1.8 | 2.0 | — |
| 互联网数据量（网页总字节） | 太字节 | 78 00 | 15 000 | — |
| 电子商务交易额 | 万亿元 | 10 | 18 | — |

# 三、重点任务

## （一）推进区域宽带网络协调发展

东部地区。支持东部地区先行先试开展网络升级和应用创新。积极利用光纤和新一代移动通信技术、下一代广播电视网技术，全面提升宽带网络速度与性能，着力缩小与发达国家差距；加快部署基于 IPv6 的下一代互联网；鼓励东部地区结合本地经济社会发展需要，积极开展区域试点示范，创新宽带应用服务，培育发展新业务、新业态。

中西部地区。给予政策倾斜，支持中西部地区宽带网络建设，增加光缆路由，提升骨干网络容量，扩大接入网络覆盖范围，与东部地区同步部署应用新一代移动通信技术、下一代广播电视网技术和下一代互联网。加快中西部地区信息内容和网站的建设，推进具有民族特色的信息资源开发和宽带应用服务。创造有利环境，引导大型云计算数据中心落户中西部条件适宜的地区。

农村地区。将宽带纳入电信普遍服务范围，重点解决宽带村村通问题。因地制宜采用光纤、铜线、同轴电缆、3G/LTE、微波、卫星等多种技术手段，加快宽带网络从乡镇向行政村、自然村延伸。在人口较为密集的农村地区，积极推动光纤等有线方式到村。在人口较为稀少、分散的农村地区，灵活采用各类无线技术实现宽带网络覆盖。加快研发和推广适合农民需求的低成本智能终端。加强各类涉农信息资源的深度开发，完善农村信息化业务平台和服务中心，提高综合网络信息服务水平。

## （二）加快宽带网络优化升级

骨干网。加快互联网骨干节点升级，推进下一代广播电视网宽带骨干网建设，提升网络流量疏通能力，全面支持 IPv6。优化互联网骨干网间互联架构，扩容网间带宽，保障连接性能。增加国际海陆缆通达方向，完善国际业务节点布局，提升国际互联带宽和流量转接能力。升级国家骨干传输网，提升业务承载能力，增强网络安全可靠性。

接入网和城域网。积极利用各类社会资本，统筹有线、无线技术加快宽带接入网建设。以多种方式推进光纤向用户端延伸，加快下一代广播电视网宽带接入网络的建设，逐步建成以光纤为主、同轴电缆和双绞线等接入资源有效利用的固定宽带接入网络。加大无线宽带网络建设力度，扩大 3G 网络覆盖范围，提高覆盖质量，协调推进 TD-LTE 商用发展，加快无线局域网重要公共区域热点覆盖，加快推进地面广播电视数字化进程。推进城域网优化和扩容。加快接入网、城域网 IPv6 升级改造。规划用地红线内的通信管道等通信设施与住宅区、住宅建筑同步建设，并预先铺设入户光纤，预留设备间，所需投资纳入相应建设项目概算。探索宽带基础设施共建共享的合作新模式。

应用基础设施。统筹互联网数据中心建设，利用云计算和绿色节能技术进行升级改造，提高能效和集约化水平。扩大内容分发网络容量和覆盖范围，提升服务能力和安全管理水平。增加网站接入带宽，优化空间布局，实现互联网信息源高速接入。同步推动政府、学校、企事业单位外网网站系统及商业网站系统的 IPv6 升级改造。

## （三）提高宽带网络应用水平

经济发展。不断拓展和深化宽带在生产经营中的应用，加快企业宽带联网和基于网络的流程再造与业务创新，利用信息技术改造提升传统产业，实现网络化、智能化、集约化、绿色化发展，促进产业优化升级。不断创新宽带应用模式，培育新市场新业态，加快电子商务、现代物流、网络金融等现代服务业发展，壮大云计算、物联网、移动互联网、智能终端等新一代信息技术产业。行业专用通信要充分利用公众网络资源，满足宽带化发展需求，逐步减少专用通信网数量。

社会民生。着力深化宽带网络在教育、医疗、就业、社保等民生领域的应用。加快学校宽带网络覆盖，积极发展在线教育，实现优质教育资源共享。推动医疗卫生机构宽带联网，加速发展远程医疗和网络化医疗应用，促进医疗服务均等化。加快就业和社会保障信息服务体系建设，实现管理服务的全覆盖，推进社会保障卡应用，加快跨区域就业和社会保障信息互联互通。加强对信息化基础薄弱地区和特殊群体的宽带网络覆盖和服务支撑。

文化建设。加快文化馆（站）、图书馆、博物馆等公益性文化机构和重大文化工程的宽带联网，优化公共文化信息服务体系，大力发展公共数字文化。提升宽带网络对文化事业和文化创意产业的支撑能力，促进宽带网络和文化发展融合，发展数字文化产业等新型文化业态，增强文化传播能力，提高公共文化服务效能和文化产业规模化、集约化水平，推动文化大发展大繁荣。

国防建设。依托公众网络增强军用网络设施的安全可靠、应急响应和动态恢复能力。利用关键技术研发成果，提升军用网络的技术水平和能力。为军队遂行日常战备、训练演习和非战争军事行动适当预置接入和信道资源。完善公众网络和军用网络资源共享共用、应急组织调度的领导机制和联动工作机制。

应用普及。大力推进信息技术在教育教学中的应用，推进优质教育资源普遍共享，加强网络文明与网络安全教育，引导学生形成良好的用网习惯和正确的网络世界观。设立农村公共宽带互联网服务中心，开展宽带上网及应用技能培训。面向中小企业开展宽带应用技能培训及电子商务、网上营销等指导，鼓励企业利用宽带开展业务和商业模式创新。研发推广特殊人群专用信息终端和应用工具。

## （四）促进宽带网络产业链不断完善

关键技术研发。推进实施新一代宽带无线移动通信网、下一代互联网等专项和863计划、科技支撑计划等。加强更高速光纤宽带接入、超高速大容量光传输、超大容量路由交换、数字家庭、大规模资源管理调度和数据处理、新一代万维网（Web）、新型人机交互、绿色节能、量子通信等领域关键技术研发，着力突破宽带网络关键核心技术，加速形成自主知识产权。进一步完善宽带网络标准体系，积极参与相关国际标准和规范的研究制定。

重大产品产业化。在光通信、新一代移动通信、下一代互联网、下一代广播电视网、移动互联网、云计算、数字家庭等重点领域，加大对关键设备核心芯片、高端光电子器件、操作系统等高端产品研发及产业化的支持力度。

支持宽带网络核心设备研制、产业化及示范应用，着力突破产业瓶颈，提升自主发展能力。鼓励组建重点领域技术产业联盟，完善产业链上下游协作，推动产业协同创新。

智能终端研制。充分发挥无线和有线宽带网络能力，面向教育、医疗卫生、交通、家居、节能环保、公共安全等重点领域，积极发展物美价廉的移动终端、互联网电视、平板电脑等多种形态的上网终端产品。推动移动互联网操作系统、核心芯片、关键器件等的研发创新。加快3G、TD-LTE及其他技术制式的多模智能终端研发与推广应用。

支撑平台建设。充分整合现有资源，在宽带网络相关技术领域，推动国家工程中心、实验室等产业创新能力平台建设。研究制定宽带网络发展评测指标体系，构建覆盖全国的宽带网络信息测试与采集系统，实现宽带网络性能常态化监测。

## （五）增强宽带网络安全保障能力

技术支撑能力。加强宽带网络信息安全与应急通信关键技术研究，提高基础软硬件产品、专用安全产品、应急通信装备的可控水平，支持技术产品研发，完善相关产业链，提高宽带网络信息安全与应急通信技术支撑能力。

安全防护体系。加快形成与宽带网络发展相适应的安全保障能力，构建下一代网络信息安全防护体系，提高对网络和信息安全事件的监测、发现、预警、研判和应急处置能力，完善网络和重要信息系统的安全风险评估评测机制和手段，提升网络基础设施攻击防范、应急响应和灾难备份恢复能力。

应急通信系统。提高宽带网络基础设施的可靠性和抗毁性，逐步实现宽带网络的应急优先服务，提升宽带网络的应急通信保障能力。加强基于宽带技术的应急通信装备配备，加快应急通信系统的宽带化改造。

安全管理机制。引导和规范新技术、新应用安全发展，构建安全评测评估体系，提高主动安全管理能力。加强信息保护体系建设，制定和完善个人隐私信息保护、打击网络犯罪等方面法律法规，推动行业自律和公众监督，加强用户安全宣传教育，构建全方位的社会化治理体系，着力打造安全、健康、诚信的网络环境。

# 参考文献

［1］ AARONSON D, MAZUMDER B. The impact of rosenwald schools on black achievement ［J］. Journal of political economy, 2011 （5）: 119.

［2］ ACEMOGLU D. Why do new technologies complement skills? directed technical change and wage inequality ［J］. Quarterly journal of economics, 1998 （4）: 113.

［3］ ACEMOGLU D, AUTOR D. Skills, tasks and technologies: implications for employment and earnings ［J］. Handbook of labor economics, 2011 （4）.

［4］ ACEMOGLU D, RESTREPO P. The race between man and machine: implications of technology for growth, factor shares, and employment ［J］. American economic review, 2018 （6）: 108.

［5］ ACEMOGLU D, RESTREPO P. Robots and jobs: evidence from us labor markets ［J］. Journal of political economy, 2020 （6）: 128.

［6］ AKERMAN A, INGVIL G, MAGNE M. The skill complementarity of broadband internet ［J］. Quarterly journal of economics, 2015 （4）: 130.

［7］ ALESINA A, HOHMANN S, MICHALOPOULOS S, et al. Intergenerational mobility in Africa ［J］. Econometrica, 2021 （1）: 89.

［8］ ANDERSON J, WINCOOP E V. Trade costs ［J］. Journal of economic literature, 2004 （3）: 42.

［9］ AUTOR D, DORN D. The growth of low – skill service jobs and the polarization of the us labor market ［J］. American economic review, 2013 （5）: 103.

［10］ AUTOR D, KATZ L, KRUEGER A. Computing inequality: have computers changed the labor market? ［J］. Quarterly journal of economics, 1998 （4）: 113.

[11] AUTOR D, LEVY F, MURNANE R. The skill content of recent technological change: an empirical exploration [J]. Quarterly journal of economics, 2003 (4): 118.

[12] BAKOS Y. Reducing buyer search costs: implication for electronic market-places [J]. Management science, 1997 (12): 43.

[13] BECKER G, TOMES N. An equilibrium theory of the distribution of income and intergenerational mobility [J]. Journal of political economy, 1979 (6): 87.

[14] BLACK S, SPITZ-OENER A. Explaining women's success: technological change and the skill content of women's work [J]. Review of economics and statistics, 2010 (1): 92.

[15] BLOOM N, LIANG J, ROBERTS J, et al. Does working from home work? evidence from a chinese experiment [J]. Quarterly journal of economics, 2015 (1): 130.

[16] BLUM B, GOLDFARB A. Does the internet defy the law of gravity? [J]. Journal of international economics, 2006 (2): 70.

[17] BRESNAHAN T, BRYNJOFLSSON E, HITT L. Information technology, workplace organization, and the demand for skilled labor: firm-level evidence [J]. Quarterly journal of economics, 2002 (1): 117.

[18] BUKHT R, HEEKS R. Defining, conceptualising and measuring the digital economy [M]. Manchester: University of Manchester, 2017.

[19] BURKS S, COWGILL B, HOFFMAN M, et al. The value of hiring though employee referrals [J]. Quarterly journal of economics, 2015 (2): 130.

[20] CONNOLLY M, CORAK M, HAECK C. Intergenerational mobility between and within canada and the united states [J]. Journal of labor economics, 2019 (S2): 37.

[21] CORROCHER N, ORDANINI A. Measuring the digital divide: a framework for the analysis of cross-country differences [J]. Journal of information technology, 2002 (1): 17.

[22] CUNHA F, HECKMAN J. The technology of skill formation [J]. American economic review, 2007 (2): 97.

[23] CZERNICH N, FALCK O, KRETSCHMER T, et al. Broadband infrastructure and economic growth [J]. Economic journal, 2011 (552): 121.

[24] DAUTH W, FINDEISEN S, SUEDEKUM J, et al. The Adjustment of labor markets to robots [R]. Journal of the european economic association, 2021 (6): 6.

[25] DIPRETE T. The impact of inequality on intergenerational mobility [J]. Annual review of sociology, 2020 (1): 46.

[26] DUFLO E. Schooling and labor market consequences of school construction in indonesia: evidence from an unusual policy experiment [J]. American economic review, 2001 (4): 91.

[27] FINK C, MATTOO A, NEAGU I. Assessing the impact of communication costs on international trade [J]. Journal of international economics, 2005 (2): 67.

[28] FORMAN C, GOLDFARB A, GREENSTEIN S. The internet and local wages: a puzzle [J]. American economic review, 2012 (1): 102.

[29] FOWLIE M, HOLLAND S, MANSUR E. What do emissions markets deliver and to whom? evidence from southern california's no x trading program [J]. American economic review, 2012 (2): 102.

[30] FREY C, OSBORNE M. The future of employment: how susceptible are jobs to computerisation? [J] Technological forecasting and social change, 2017 (c): 114.

[31] FUNJIKA P, GETACHEW Y. Colonial Origin, Ethnicity and intergenerational mobility in Africa [J]. World development, 2022 (c): 153.

[32] GAGGL P, WRIGHT G. A short-run view of what computers do: evidence from a uk ta incentive [J]. American economic journal: applied economics, 2017 (3): 9.

[33] HARRIS R. The internet as a GPT: factor market implications [R]. in HELPMAN (ed.) General Purpose Technologies and Economic Growth. Cambridge, MA: MIT Press, 1998.

[34] HINDMAN D. The rural-urban digital divide [J]. Journalism & mass communication quarterly, 2000 (3): 77.

[35] HJORT J, POULSEN J. The arrival of fast internet and employment in africa [J]. American economic review, 2019 (3): 109.

[36] KIM B, BARUA A, WHINSTON A. Virtual field experiments for a digital economy: a new research methodology for exploring an information economy [J]. Decision support systems. 2002 (3): 32.

[37] KRUEGER A. How computers have changed the wage structure: evidence from microdata, 1984-1989 [J]. Quarterly journal of economics, 1993 (1): 108.

[38] KUHN P, MANSOUR H. Is internet job search skill ineffective? [J]. Economic journal, 2014 (581): 124.

[39] LIST J, UHLIG H. The past, present, and future of economics: a celebration of the 125-year anniversary of the jpe and of chicago economics [J]. Journal of political economy, 2017 (6): 125.

[40] MAYER S, LOPOO L. Government spending and intergenerational mobility [J]. Journal of public economics, 2008 (1): 92.

[41] MCGUE M, WILLOUGHBY E, RUSTICHINI A, et al. The contribution of cognitive and noncognitive skills to intergenerational social mobility [J]. Psychological science, 2020 (7): 31.

[42] MICHAELS G, NATRAJ A, Van REENEN J. Has ict polarized skill demand? evidence from eleven countries over twenty-five years [J]. Review of economics and statistics, 2014 (1): 96.

[43] MOCETTI S, ROMA G, RUBOLINO E. Knocking on parents' doors: regulation and intergenerational mobility [J]. Journal of human resources, 2022 (2): 57.

[44] NEILSON C, ZIMMERMAN S. The effect of school construction on test scores, school enrollment, and home prices [J]. Journal of public economics, 2014 (c): 120.

[45] OLINER S, SIECHEL D, STIROH K. Explaining a productive decade

［J］. Journal of policy modeling，2008（4）：30.

［46］ QIAN N. Missing women and the price of tea in china：the effect of sex-specific earnings on sex imbalance ［J］. Quarterly journal of economics，2008（3）：123.

［47］ RAMSEY F. A mathematical theory of saving ［J］. Economic journal，1928（38）：12.

［48］ RAUCH J. Trade and search：social capital，soga sosha and spillovers ［R］. Massachusetts：NBER Working Paper，1996.

［49］ RAUCH J. Networks versus markets in international trade ［J］. Journal of international economics，1999（1）：48.

［50］ STEVENSON B. The internet and job search ［R］. Massachusetts：NBER Working Paper，2009.

［51］ TAPSCOTT D. The digital economy：promise and peril in the age of networked intelligence ［M］. New York：McGraw Hill，1995.

［52］ VENABLES A. Geography and international inequalities：the impact of new technologies ［J］. Journal of industry，competition and trade，2001（2）：1.

［53］ 阿罗. 信息经济学 ［M］. 北京：北京经济学院出版社，1989.

［54］ 柏拉图. 理想国 ［M］. 北京：商务印书馆，1986.

［55］ 蔡跃洲，陈楠. 新技术革命下人工智能与高质量增长、高质量就业 ［J］. 数量经济技术经济研究，2019（5）.

［56］ 陈广桂. 房价、农民市民化成本和我国的城市化 ［J］. 中国农村经济，2004（3）.

［57］ 杜丹清. 互联网助推消费升级的动力机制研究 ［J］. 经济学家，2017（3）.

［58］ 方福前，田鸽. 基础设施对中国经济增长的影响及机制研究：基于扩展的 Barro 增长模型 ［J］. 经济理论与经济管理，2020（12）.

［59］ 郭家堂，骆品亮. 互联网对中国全要素生产率有促进作用吗？［J］. 管理世界，2016（10）.

［60］ 郭峰，王靖一，王芳，等. 测度中国数字普惠金融发展：指数编制

与空间特征 [J]. 经济学（季刊），2020（4）.

［61］胡伦，陆迁. 贫困地区农户互联网信息技术使用的增收效应 [J].改革，2019（2）.

［62］黄群慧，余泳泽，张松林. 互联网发展与制造业生产率提升：内在机制与中国经验 [J]. 中国工业经济，2019（8）.

［63］江小涓. 高度联通社会中的资源重组与服务业增长 [J]. 经济研究，2017（3）.

［64］荆文君，孙宝文. 数字经济促进经济高质量发展：一个理论分析框架 [J]. 经济学家，2019（2）.

［65］李兵，李柔. 互联网与企业出口：来自中国工业企业的微观经验证据 [J]. 世界经济，2017（7）.

［66］李坤望，邵文波，王永进. 信息化密度、信息基础设施与企业出口绩效：基于企业异质性的理论与实证分析 [J]. 管理世界，2015（4）.

［67］李三希，王泰茗，武玙璠. 数字经济的信息摩擦：信息经济学视角的分析 [J]. 北京交通大学学报（社会科学版），2021（4）.

［68］李三希，武玙璠，鲍仁杰. 大数据、个人信息保护和价格歧视：基于垂直差异化双寡头模型的分析 [J]. 经济研究，2021（1）.

［69］林毅夫. 新结构经济学：重构发展经济学的框架 [J]. 经济学（季刊），2011（10）.

［70］刘小鲁. 中国城乡居民医疗保险与医疗服务利用水平的经验研究 [J]. 世界经济，2017（3）.

［71］刘航，伏霖，李涛，等. 基于中国实践的互联网与数字经济研究：首届互联网与数字经济论坛综述 [J]. 经济研究，2019（3）.

［72］刘皓琰，李明. 网络生产力下经济模式的劳动关系变化探析 [J]. 经济学家，2017（12）.

［73］刘晓倩，韩青. 农村居民互联网使用对收入的影响及其机理：基于中国家庭追踪调查（CFPS）数据 [J]. 农业技术经济，2018（9）.

［74］陆铭. 大国大城 [M]. 上海：上海人民出版社，2016.

［75］卢盛峰，陈思霞、张东杰. 教育机会、人力资本积累与代际职业流

动：基于岳父母/女婿配对数据的实证分析 [J]. 经济学动态，2015 (2).

[76] 吕世斌，张世伟. 中国劳动力"极化"现象及原因的经验研究 [J]. 经济学（季刊），2015 (2).

[77] 马克思.1844 年经济学哲学手稿 [M]. 北京：人民出版社，1985.

[78] 马克思，恩格斯. 德意志意识形态（节选本）[M]. 北京：人民出版社，2003.

[79] 马俊龙，宁光杰. 互联网与中国农村劳动力非农就业 [J]. 财经科学，2017 (7).

[80] 毛宇飞，曾湘泉. 互联网使用是否促进了女性就业：基于 CGSS 数据的经验分析 [J]. 经济学动态，2017 (6).

[81] 莫怡青，李力行. 零工经济对创业的影响：以外卖平台的兴起为例 [J]. 管理世界，2022 (2).

[82] 宁光杰，林子亮. 信息技术应用、企业组织变革与劳动力技能需求变化 [J]. 经济研究，2014 (8).

[83] 裴长洪，倪江飞，李越. 数字经济的政治经济学分析 [J]. 财贸经济，2018 (9).

[84] 戚聿东，褚席. 数字生活的就业效应：内在机制与微观证据 [J]. 财贸经济，2021 (4).

[85] 戚聿东，刘翠花，丁述磊. 数字经济发展、就业结构优化与就业质量提升 [J]. 经济学动态，2020 (11).

[86] 邱泽奇，张樹沁，刘世定，等. 从数字鸿沟到红利差异：互联网资本的视角 [J]. 中国社会科学，2016 (10).

[87] 孙文凯，白重恩，谢沛初. 户籍制度改革对中国农村劳动力流动的影响 [J]. 经济研究，2011 (1).

[88] 孙文凯，郭杰，赵忠，等. 我国就业结构变动与技术升级研究 [J]. 经济理论与经济管理，2018 (6).

[89] 斯密. 国富论 [M]. 北京：商务印书馆，1981.

[90] 施炳展. 互联网与国际贸易：基于双边双向网址链接数据的经验分析 [J]. 经济研究，2016 (5).

[91] 托夫勒. 权力的转移 [M]. 北京：中信出版集团，2018.

[92] 唐松，伍旭川，祝佳. 数字金融与企业技术创新：结构特征、机制识别与金融监管下的效应差异 [J]. 管理世界，2020（5）.

[93] 唐琦，夏庆杰，李实. 中国城市居民家庭的消费结构分析：1995—2013 [J]. 经济研究，2018（2）.

[94] 王文. 数字经济时代下工业智能化促进了高质量就业吗 [J]. 经济学家，2020（4）.

[95] 王永钦，董雯. 机器人的兴起如何影响中国劳动力市场？：来自制造业上市公司的证据 [J]. 经济研究，2020（10）.

[96] 汪德华，邹杰，毛中根. "扶教育之贫"的增智和增收效应：对20世纪90年代"国家贫困地区义务教育工程"的评估 [J]. 经济研究，2019（9）.

[97] 魏金义，祁春节. 农业技术进步与要素禀赋的耦合协调度测算 [J]. 中国人口·资源与环境，2015（1）.

[98] 夏炎，王会娟，张凤，等. 数字经济对中国经济增长和非农就业影响研究：基于投入占用产出模型 [J]. 中国科学院院刊，2018（7）.

[99] 谢绚丽，沈艳，张皓星，等. 数字金融能促进创业吗？：来自中国的证据 [J]. 经济学（季刊），2018（4）.

[100] 邢春冰. 中国农村非农就业机会的代际流动 [J]. 经济研究，2006（9）.

[101] 邢小强，汤新慧，王珏，等. 数字平台履责与共享价值创造：基于字节跳动扶贫的案例研究 [J]. 管理世界，2021（12）.

[102] 许恒，张一林，曹雨佳. 数字经济、技术溢出与动态竞合政策 [J]. 管理世界，2020（11）.

[103] 徐建国，张勋. 农业生产率进步、劳动力转移与工农业联动发展 [J]. 管理世界，2016（7）.

[104] 杨汝岱. 大数据与经济增长 [J]. 财经问题研究，2018（2）.

[105] 易行健，周利. 数字普惠金融发展是否显著影响了居民消费：来自中国家庭的微观证据 [J]. 金融研究，2018（11）.

［106］詹晓宁，欧阳永福．数字经济下全球投资的新趋势与中国利用外资的新战略［J］．管理世界，2018（3）．

［107］张新春，董长瑞．人工智能技术条件下"人的全面发展"向何处去：兼论新技术下劳动的一般特征［J］．经济学家，2019（1）．

［108］张勋，万广华，张佳佳，等．数字经济、普惠金融与包容性增长［J］．经济研究，2019（8）．

［109］张勋，杨桐，汪晨，等．数字金融发展与居民消费增长：理论与中国实践［J］．管理世界，2020（11）．

［110］赵颖，石智雷．城镇集聚、户籍制度与教育机会［J］．金融研究，2017（3）．

［111］赵涛，张智，梁上坤．数字经济、创业活跃度与高质量发展：来自中国城市的经验证据［J］．管理世界，2020（10）．

［112］郑江淮，冉征．智能制造技术创新的产业结构与经济增长效应：基于两部门模型的实证分析［J］．中国人民大学学报，2021（6）．

［113］钟粤俊，陆铭，奚锡灿．集聚与服务业发展：基于人口空间分布的视角［J］．管理世界，2020（11）．

［114］周茂，陆毅，符大海．贸易自由化与中国产业升级：事实与机制［J］．世界经济，2016（10）．

［115］周茂，陆毅，杜艳，等．开发区设立与地区制造业升级［J］．中国工业经济，2018（3）．

［116］邹红，彭争，栾炳江．隔代照料与女性劳动供给：兼析照料视角下全面二孩与延迟退休悖论［J］．经济学动态，2018（7）．

# 致　谢

　　终于来到了"致谢"。简单两字，但个中多少心酸，想必每一位经历过读博锤炼的人都能向你道个几天几夜。但毫无疑问，我应该感谢，也必须感谢，只有记得昨天的苦，才能更珍惜今天的甜。更重要的是，在这看似充满心酸的旅途中，却有着那么多可爱的、可敬的、可以铭记一辈子的人。是他们，让我这段旅程不再那么孤单，不再那么痛苦，不再充满壮士断腕般的悲情色彩。这个博士学位不仅仅是授予我的，也是授予他们的，我只不过替他们领了奖，拿了荣誉。所以，必须感谢！

　　一谢恩师。每每提及我的导师方福前教授，我总会热泪盈眶，这是一位值得用一辈子来尊敬和热爱的师者、学者、长者。

　　他有师者的那种给予所有个体平等求学机会的情怀。对于曾经暂别校园，在职场上摸爬滚打一年的我而言，这种机会弥足珍贵。感谢方老师引我入方门，使我能够重新回到校园，捡起书本，在中国经济学专业的最高学府里徜徉学海，探索知识，这真的是一份莫大的恩情。

　　他更有学者的考究，所以他是严格的。方老师有着一位真正的学者"教人求真"的精神。他告诫我做学问含糊不得，尤其对于我所擅长的实证研究，方老师总会叮嘱我要确保数据来源的准确性，检验过程的严谨性，容不得半点虚假。他还有着学者"不唯书，不唯上，只唯实"的务实精神。他告诫我要做真正有价值的研究。实证研究不能仅作为一种工具，更要为中国经济实践服务，要为理论创新发展服务。因此，对于每一篇文章，大到文章主旨、研究框架、逻辑结构，小到遣词造句、逗句冒引，方老师都会严格把关，认真帮我纠正，助我成为一个真正的治学之人。更为重要的是，方老师本身就是一本"行走的教科书"。年近七旬依然能够伏案疾书，笔耕不辍，每年都能在经济学权威期刊上发表文章，这对于我而言是无言的激励。从某种意义上讲，潜移默化的影响比耳提面命式的督导更为重要。

当然，他身上还充满着长者的人文关怀，所以他又是温和的。学术之外的方老师就像长辈一般，平易近人，温和可亲。老师非常关心学生的心理状况、家庭情况，能充分理解学生的压力，并尽自己的努力帮助学生，让人感受到冰冷的学术之外的温暖。跟方老师聊天是开心的、轻松的。或许这才是真正的人格魅力吧：为师包容，为学严谨，为人亲和。

此生无悔入方门，必以实学报师恩。感谢我的恩师！

二谢榜样。"三人行，必有我师焉。"求学路上，身边还有很多优秀的榜样给予我无限力量。首先，感谢我的科研启蒙老师，我的硕士导师——北京师范大学王亚菲老师，是她手把手地教我从最基本的科研步骤学起，如何搜集数据，如何阅读文献，如何整理文献，如何构建最基本的模型，王老师一步步培养了我的科研兴趣，为我打开了一个新世界的大门。其次，感谢我读硕士时候遇到的老师——北京师范大学张勋老师，他缜密的经济学思维，乐于分享的科研素质，精益求精的治学精神都让我大为折服。尤其感谢张老师在科研上不辞辛苦地为我指点迷津，纠偏指正，有效促进了我学术水平的提高。再次，感谢孙文凯老师、张杰老师、李三希老师、刘小鲁老师、刘凯老师、张文老师在我博士论文开题以及预答辩时所给予的宝贵建议。他们的博学、严谨以及对学术的敬畏精神促使我及时调整思路，为我的博士论文顺利进行奠定了极其重要的基础。接着，还要感谢刘瑞明老师给予我参加由刘老师组织、江艇等老师共同参与的"中国经济转型研讨班"的机会。在这个讨论班，老师带领来自不同专业的学生反复研读国际顶尖经济学期刊上的论文。在其中，我学到了很多写作技巧，也从刘老师的谆谆教诲中明白了很多经济学者需要具备的素质，例如，要立足中国国情，讲好中国故事，以所学解决当前亟待回应的社会问题，切切实实为我国经济发展献智献策等。我还从江艇老师身上学到了很多国际前沿的计量经济学知识，并且深深认识到追踪前沿、学习前沿、努力创造前沿的重要性。最后，感谢我的班主任陆方文老师。她是一位兼具超强学术能力与强大人格魅力的闪光女性。陆老师仿佛永远都在认真思考，是走在路上都若有所思以至于学生都不忍心向她打招呼的那种认真。我想，可能也正是由于这种科研精神，才使陆老师能成为为数不多的女性青年长江学者。除此之外，陆老师非常热爱生活，热爱运动，喜欢与学生交流，为学生解惑……还有太多太多的榜样值得我学习：学富五车，博学多识，在"中国宏观经济论坛"上妙语连珠的于泽老师；因为在黑板上推导复杂的计量经济学公式，使得自己的头发、衣服、鞋子甚至脸上都沾满了粉笔灰，连续讲了两个多小时的课，但为了回答学生问题却来不及喝水，带着干哑的嗓子回答问题的章永辉老师；因为学生提的一个小小的问题便在下班后多方查找资料，第二次课上本打算认认真真回应学生时，才发现那位学生已经忘记自己提过什么问题的青年教师郑璐老师……他们都是德才兼备的典范。在其中，与很多老师只有一课之缘，甚至一些老师可能根本不认识我，但他们却润物无声，在悄无声息间深深影响了我，给了我无尽的力量，这将是我永远的财富。春风化雨或许比大雨滂沱更能润泽万物。

借榜样的力量，我也要成为自己的榜样。感谢我的榜样！

三谢亲人。首先要特别感谢我的爱人胡剑锋先生。物质上为我创造了良好的条件，让我能够潜心治学，他是我的亲人；学习上总能帮我把控方向，让我明白"有时候方向比努力更重要"，他是我的军师；精神上给了我莫大的支持，焦虑时给予我抚慰，痛苦时带给我安慰，即使我有时候由于压力太大，脾气变得阴晴不定，他还是对我无条件包容，他是我坚强的后盾，得之幸矣！还要感谢我的父母，我的兄嫂，我的表弟。即使无法帮我分担学习上的重担，即使无法陪在我身边给予我可触碰的温暖，但他们却一直给我强大的精神慰藉。每次通话视频，他们都会帮我抒压解难，即使他们也会遇到一些困难，但却从不要求我付出什么。

他们都是我永远的温暖港湾。感谢我的亲人！

四谢友人。如果要问我读博给我带来了哪方面的损失，我会说是朋友。因为学术研究需要静下心来潜心钻研，这就需要坐得住冷板凳，耐得住寂寞，也就意味着必须减少与朋友吃饭聊天逛街游玩的频率，不免就与一些朋友的联系变少了。但如果要问读博给我带来了哪方面的收获，我依然会说是朋友。因为正是在这种交友机会变少的情况下，在自己常常会面临巨大压力的情况下，才能收获真正值得用心交往的朋友。在此感谢苗珍、谭曼、张洁洁、黄莉媛、邵岩、宋小环、刘茜等朋友，谢谢你们陪我一起走过读博期间的酸甜苦辣。感谢牛华师姐（现为对外经贸大学统计学院副教授），谢谢您总能给予我很好的意见与建议，带我在学术路上"升级打怪"。还要特别感谢单爽师兄、朱庆虎师弟、周家梁师兄、潘跃师兄，谢谢你们与我一起分享快乐、分担压力、相互扶持、携手共进。

山不在高，有仙则名，水不在深，有龙则灵。感谢我的朋友！

五谢自己。感谢自己没有放弃过，没有忘记过，永远昂着头，永远向着光。

没有放弃过自己，所以即使由于经历了多次转专业以及一年的职场生活，自身的经济学基础已经很薄弱了，但我仍然尽全力补短板。就算比其他同学多修了4门课，但我仍然抗住了巨大的压力，迎头赶上。

没有忘记过恩情，因为深知机会和信任的来之不易，我让以上所有恩情都化作了切实的努力。我不想辜负我的恩师，我不想辜负每一次机会，每一份支持，每一个信任。所以当我带着感恩之心努力时才不会觉得累，反而觉得温暖，觉得有所依靠。

永远昂着头。所以我积极迎接每一个挑战，不畏难，向往爱与美好。

永远向着光，所以我不断在追求新的进步，坚定地走向每一寸光亮。我每一步都走得自信且踏实。

所以，站在每一个今天，我都想对每一个昨天的我，真诚地道一声：田鸽，你辛苦了，谢谢你。

感谢所有的你们，我的引路人，我的支持者，帮我修枝剪叶的你，给我批评建议的你，给我无形力量的你，为我排忧解难的你……还有，茁壮成长、无所畏惧的你，更有我所生活着的、上演了许多经济奇迹、经历着巨大变革、为科研人提供了广阔的研究素材和自然实验场景的大时代！无论何种形式，都是无比温暖的力量，都值得永远纪念与感激。感谢恩师、感谢榜样、感谢亲人、感谢朋友、感谢自己、感谢大时代，何其幸哉！我会带着感恩的力量继续前行。以感恩为船，以知识为桨，以梦想为岸，继续迎风远航！

最后的最后，我想给过去，给未来，给自己致辞一首：

## 给过去：回守来时路

人大四载，收获颇丰。青春不悔，梦无虚空

虽无焚膏继晷，但常能乐以忘忧

虽无囊萤映雪，但亦能夕寐宵兴

辛苦？心不苦！

心若有光，满眼尽是辉煌

即使身处黑暗，也能感到温暖

给未来：逐梦远方途

思未来，踌躇满志

望前方，星辰大海

为学者，需为国献智，报国恩

为师者，需传道授业，解生惑

即使出离学术，仍需牢记使命，不忘初心

纵使粗茶淡饭，依然苔痕阶绿，谈笑鸿儒

居其所，所以奉其心

在其位，所以献其力

追光之旅，不舍昼夜

逐梦之途，无愧我心

给自己：致己以明志

志存高远，切勿好高骛远

心向光明，切勿钓誉沽名

即使落入泥土，依然能够开出花来

即使鲜花烂漫，仍需记得长路漫漫

保持清醒，方能庆幸

守得始终，福如影萦

永葆热情，前行不停

未来，我能行！